U0099158

菁品出版・出版精品

菁品出版・出版精品

菁品出版・出版精品

菁品出版・出版精品

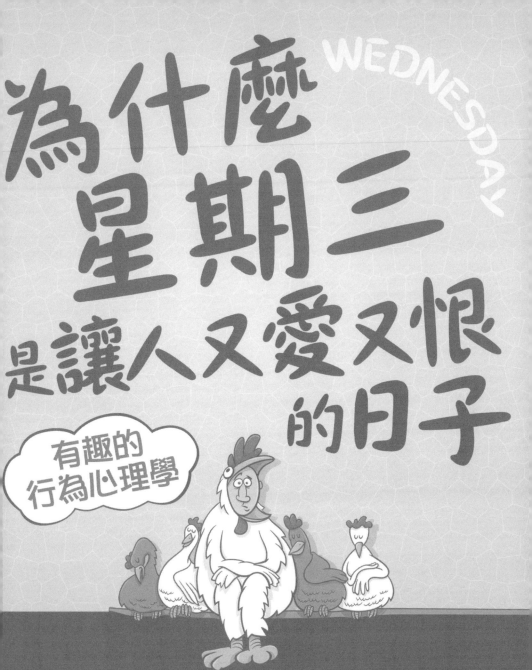

為什麼星期三是讓人又愛又恨的日子

WEDNESDAY

有趣的行為心理學

心理學是一門與人類幸福密切相關的科學。因為我們的生活是由人的心理與行為支撐的,無論是生活中的衣食住行,還是工作中的為人處世,都離不開心理學,都需要心理學的知識來幫忙。

本書將和你一起透過現象看本質,透過細節看心理,為你的生活和工作帶來有益的啟示和幫助。

白笑禹
編著

前言
FOREWORD

　　一提到心理學，很多人會覺得非常專業，枯燥、乏味、難懂，但是將心理學和我們的生活緊密聯繫起來，就會增加許多趣味性。比如：

　　為什麼越是習慣自由的人拖延症越嚴重？為什麼山重水複時總會又柳暗花明？為什麼說星期三是一個讓人又愛又恨的日子？為什麼親眼所見不一定就真實？為什麼說曹操，曹操就能到？為什麼……

　　可以說，這些日常生活中常常遇到的現象，背後都與心理學聯繫在一起，都能用心理學來解釋。

　　有人說心理學是一門與人類幸福密切相關的科學。這話很有道理。因為我們的生活首先是由人的心理與行為支撐的，無論是生活中的衣食住行，還是工作中的為人處世，都離不開心理學，都需要心理學的知識來幫忙。

　　生活處處都會展現出心理學的魅力。如果把心理學放在日常生活裡，放在職場上，放在大千世界中……你就會驚奇地發現，心理學原來並不遙遠，它就隱藏在現象的背後、細節的背後。

　　本書立足於生活與工作，運用淺顯的語言和豐富的案例，帶你進入心理學的趣味世界。本書將和你一起，透過現象看本質，透過細節看心理，為你的生活和工作帶來有益的啟示和幫助。

目錄
CONTENTS

CHAPTER 2 ◆ 意想不到之外必有道理

CHAPTER 5 ◆ 心靈與身體的神奇聯繫

CHAPTER 6 ◆ 每個人都是一道獨特的風景

CHAPTER 7 ◆ 愛情中的百般滋味

CHAPTER 8 ◆ 夢原來是你內心深處的世界

1
CHAPTER

生活中總有
解不開的謎團

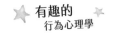
# 誰是奪走你快樂的「殺手」

當被問到「你快樂嗎？」「你開心嗎？」「你幸福嗎？」時，你的腦海裡是不是首先出現的是自己「有多少錢？」「有幾間房子？」「有沒有車子？」我們絕大多數人都是普通人，不是大英雄也不是政治人物，可能也沒有改變世界的宏大目標和能力。我們能做的就是去完成日常的繁重工作任務和處理好生活中的每一件瑣事。即便如此，沉重的壓力也沒有放過我們這些小人物，於是平凡人失去了平凡人的快樂。

這是一個物資豐富的時代，交通方便、生活富足、吃穿不愁，但是平凡人過得並不快樂，甚至遠沒有五、六十年代——那個物資缺乏的貧窮時代的人們那麼快樂。周圍人談論的無外乎買房了嗎、結婚了嗎、孩子上學了嗎……這一件件事情堆積起來，似乎世界一下子變得很複雜。平凡人苦著臉，在凡間俗世裡悶悶不樂地生活著。

誰奪走了快樂？是房子、車子這些身外之物，是對物質的看重，是對那些永遠不可能得到的事物的孜孜不倦追求。人們總是很貪心，所以不快樂。大部分人都會覺得自己擁有的不夠，比如男人會認為自己的錢還不夠多、權力還不夠大、地位還不夠高，而女人會嫌自己的衣櫃還不滿、化妝品還是沒買全、包包還不夠用……人們總是有太多的慾望，讓自己純淨的內心處處惹塵埃。過於看重自己所沒有的東西，

而沒有看到自己得到的已經夠多了，一顆心永遠不知滿足，這些奪走了平凡人最真摯的快樂。

不僅如此，「比較」也是奪走快樂的「殺手」。平凡人很喜歡和別人比較，比如上學的時候，和別人比較誰的考試分數高；工作之後，比誰的工作輕鬆、誰賺的錢多；在社會上，比較誰的地位高；在家庭方面，比較誰家的孩子懂事、有出息；看到相貌比較誰長得好看，看到衣服比較誰穿的衣服較高級……雖然說有比較才有差別，有差別才有前進的動力，但是有時候過度的比較、處處比較，不僅會讓自己不開心，也會讓身邊的人不開心。比如當你看到別人家的房子既寬敞明亮又有漂亮的裝潢，然後回到自己破舊的屋子，很容易將比較之後的沮喪和不開心發洩到父母、家人身上，嫌棄他們沒有錢給自己換個大房子。

可是實際上，每個人付出和得到的大致都是一樣的，你往往看到了別人閃亮的一面，卻沒有看到他們閃亮輝煌背後的辛酸和苦楚。每個人都有自己的煩惱，所以人與人之間是沒有可比性的。對於我們而言，最重要的是做好自己，讓自己和自己比較，看到自己一步步的進步，這難道不是一件值得開心的事嗎？

時間對每個人都是平等的，開心也是一天，不開心也是一天，為何不快樂地度過呢？當我們面臨難題的時候，努力改變看問題的角度，要看到好的一面，不要讓沮喪情緒包圍自己。俗話說：「笑一笑，十年少。」在平時生活中，多聽

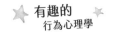
聽一些放鬆而又激勵人心的音樂，或者常常看令人捧腹大笑的喜劇、娛樂節目，讓自己放下壓力，放鬆自己。

 # 真正打敗你的是你自己

　　首先來看看什麼是心理定式。心理定式在心理學中，實則是一種心理暗示。總體來說，心理定式是對於某一種特定活動的預備性順應，也可以說是一種反應準備。雖然有時候這種順應可以使人以一種相當熟練的狀態去行動和反應，省下了許多時間和精力，但是正是由於這種心理定式的預定性，很容易束縛人們的思維和狀態，甚至會產生一些消極的影響。比如我們總會覺得面目醜陋的人犯罪的機率比較大，而面目清秀的人不太像是犯罪者。

　　正確的心理定式能夠幫助我們很快認清事物，讓我們知道怎麼去做，怎麼去規避。比如我們覺得電是帶有危險性的事物，所以漏電時，我們會選擇去關閉電源，而不是拿手去觸摸或是繼續使用電。

　　自信的心理定式能夠給人帶來自信，讓人們能夠帶有強烈的自信心去面對眼前的一切風風雨雨，所以自信的心理定式對我們的學習和工作會起到較好的促進作用。相反，不自信的心理定式會讓人們陷入不自信的泥潭，使人們深陷其中不能自拔，這樣就會帶來一系列的負面影響和麻煩。比如在

學游泳時，有的人對自己充滿信心，相信自己水性很好，並且認為水並不可怕，相信自己在水中肯定不會被淹著或嗆到，這樣的人肯定很快就能學會游泳；相反，有的人認為自己不可能學會游泳，缺乏自信，甚至都不敢下水，這樣的人就有可能真的學不會游泳，即使學會了，也要比前者耗費更多的時間和精力。

不自信的心理定式是非主動的消極暗示，這種心理定式在於越是害怕失敗就越容易失敗，浪費的時間、精力和金錢更多。不自信的心理定式，容易使人畏畏縮縮，放不開前進的腳步，什麼事情都做不好。而在不自信定式的背後，就是消極的心理定式，這種定式會讓人們更加自卑，陷入惡性循環。

因此在平時的學習和工作之中，我們要盡可能地調動起積極、自信的心理定式，避免這種不自信的心理定式，克服負面效應。其中，最主要的就是樹立起自己的自信心，要相信自己的實力和能力，相信自己能夠通過努力達到自己的目標。當然這種自信心的前提就是自己的準備和積累，比如我們想要在考試之前告訴自己「肯定能夠考出一個好的成績」，那麼就必須在平時不斷學習和複習，做好充分的準備。擁有真正的能力和水準，這才是克服心理定式負面效應的根本。

此外，我們應該正視社會現實和激烈的競爭。當出現心理焦慮時，放鬆自己的身心，相信自己能夠跨過面前的這道

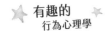
坎，而不要讓自己先陷入「自己不如別人」的不自信心理定式。因為很多時候真正打敗自己的不是眼前的困難和強悍的對手，而恰恰是那個不自信的自己。因此我們要相信自己，相信自己能夠戰勝困難，相信自己就是那個獨一無二的人，相信自己有不同於他人的特殊能力，相信自己一定能夠脫穎而出。

情緒的曲線變化規律

在日常生活中，我們經常會覺得自己的體力、情緒或智力一時很好，一時又很壞。好的時候做事的效率特別高，似乎輕輕鬆鬆地就把事情完成了；而壞的時候做事拖拖拉拉，似乎怎麼做都做不完。這是因為我們的情緒也有「高潮、低潮期」。

一週有七天，一天有二十四個小時，任何事物都有週期，人們的情緒也不例外。科學家們研究發現，人類自誕生以來，自身就帶有神奇的生物鐘。就像有些動物會冬眠一樣，人類身體的某些部分也存在週期性變化，科學家把這種現象稱作生物節律、生物節奏或生命節律；並且這種週期性呈現出由強到弱、再由弱到強的弧狀變化規律。

二十一世紀初，經過長期的臨床觀察，德國醫生菲裡斯和奧地利心理學家斯瓦波達，發現人體生物節律比如感官敏

銳度、溫度、血液等都會呈現出週期性變化，其中「三節律」——體力、情緒和智力中，體力週期是二十三天，情緒週期是二十八天。此後，奧地利的泰爾其爾教授在研究了許多大學生的考試成績後發現智力週期是三十三天。從生命節律理論來說，每個人都存在這種體力、情緒和智力的週期性變化。但是人類生命存在著個體差異和變化，因此每個人對這種生命節律的感受程度會有所不同，可能有些人很少或者甚至完全不受這種生命節律的影響。根據國外研究發現，我們大多數人屬於「節律型」，少數人屬於「非節律型」。

我們情緒的曲線變化，起點首先在中線，先進入高潮期，而後轉入低潮期，如此周而復始。在情緒高潮期，人們的心情比較舒暢，情緒相對比較高昂；而在低潮期時，人們則容易心情煩躁，情緒也比較低落。情緒的週期變化對我們的日常生活有著很大的影響，如果處於情緒的高潮期，做什麼事情都很有信心、勇氣和希望，很容易提高做事的效率，快速地完成工作，在考試中也能夠取得比較好的成績；反之，則容易因為情緒低落，做什麼都提不起興趣，很容易錯失機會，人的才能也會受到抑制，難以正常地發揮出自己應有的水準。

因此如果我們瞭解了自己的生物節律，摸清楚了情緒的週期性變化，就能適當調整自己的工作、學習和生活的節奏，儘量在情緒高潮期抓緊時間學習和工作，讓自己發揮出最佳的水準，完成更多的任務。

當然，如果我們處於情緒的低潮期和臨界期，也不必過分緊張或灰心喪氣，否則只會加劇不良情緒的影響，使工作和學習效率進一步下降。在這段時間裡，不要太糾結於自己的壞情緒，而是應保持一個平和的心態，好好休息。比如正好在情緒低潮期考試，要儘量讓自己坦然去面對，發揮出自己應有的水準，說不定還能夠脫穎而出，考出一個意料之外的好成績。

越是習慣自由的人拖延症越嚴重

在讀書的時候，碰到導師要求寫論文，經常不到最後的上交期限，就無法完成，甚至有時會跟自己的導師要求推遲上交論文的時間。雖然這種拖延讓人無奈，但是還是會忍不住拖延下去。不僅寫論文如此，在很多方面很多人都有著拖延症，而且越是習慣自由的人，這種症狀越是嚴重。

「今天完成不了了，明天再做吧」，如此安慰自己，任何事情都在拖延，小到繳電費、網路費，大到整個工作的完成，或者即使知道了也控制不住地拖延下去，甚至嚴重影響了工作進度也不自知。

研究結果表明，大部分人都有著不同程度的拖延症狀——不到最後的期限絕不完成任務，即使到了最後期限，也敢不完成任務。「明日復明日，明日何其多。我生待明

日，萬事成蹉跎。」拖延症的人往往做任何事情都拖拖拉拉，更為嚴重的是他們一般都能夠意識到自己犯了嚴重的拖延症，但卻無法自拔。即使他們經常會自我批判、自我懲罰、自我懺悔，但是拖延症的症狀並沒有減輕，反而更加嚴重了。「每次趕在期限到的那一刻完成任務，強大的壓力一下子沒有了，整個人都放鬆下來，這感覺真是太好了！」這種拖延之後短暫的強烈心理對比，也使得拖延症患者樂在其中。

往往花十天時間就可以完成的工作，在離期限有一個月的時候，拖延症的人一點都不著急，到了還有十天的時候，才不急不緩地開始著手，當發現還有五天的時候才開始著急，結果做出來的東西毛毛糙糙的。

這種拖延症有時候也能夠帶來一定的好處——比如超常發揮，但是不斷的拖延也會帶來嚴重的焦慮感，會傷害人們的身心，有些人甚至會因為趕進度而累壞了身體，所以拖延並不是一件好事。

而且如果一個人每件事情都拖著不做，那麼這不僅會讓自己的能力缺失，而且會讓別人失去對他的信任，影響到他社交關係的發展。因為他的拖拉，會嚴重影響自己和別人的工作進程和生活節奏，比如本來大家約好要一起去旅遊的，可是他遲遲不請年假，也不購買旅遊所需的用品，到要出發的時候卻不能出發，導致整個團隊的旅遊進度放慢，影響了大家的心情。

計畫總是半途而廢

人們似乎總是很喜歡做計畫。年計畫、月計畫，甚至每個星期、每一天都做了密密麻麻的詳盡的計畫。但是到了年底、月底以及每週、每天結束的時候，這些計畫究竟完成得如何？又有多少人按照計畫去實施了？你的計畫已經完成了哪些？哪一些沒有完成？離目標還有多遠？能不能繼續下去？

很多計畫都半途而廢了，就像一個人挖了無數的水井，但沒有一個挖到足夠的深度，所以他永遠喝不到水；一個人準備了鋸子、斧頭、磨石，最終還是沒能把樹枝砍下來。

你的計畫為什麼半途而廢了？

有的人說計畫剛開始的時候很有勁頭，但是過了一些時日，那種期望和激情早已不復存在，計畫就不了了之了。然而未完成計畫的不良影響卻會形成惡性循環，一直存在。因為做了計畫不能順利完成，也就沒有完成計畫的成就感，而越來越嚴重的挫敗感會使自己更加沮喪，沮喪得沒有勇氣去堅持完成計畫。

於是這樣的人做事往往虎頭蛇尾、有始無終。雖然一直在做計畫，但是他們沒有合理的時間觀念，一到期限就會拼湊完成，草草了事。不能堅持計畫的人，他們身上缺乏堅持

不懈的精神，往往都不會成功。

「三天打魚，兩天曬網」是做不成大事的。做任何事情都不應該半途而廢。就像一個優秀的運動員，即使被人甩落在後面，或者中途出了意外，只要他還能跑，他就一定會到達終點，反之，則會遭到人們的鄙視。

「行百里者，半於九十。」無論做什麼事情，學習、繪畫或者工作，我們都應該保持一種善始善終的專注心態，做好我們應該做的事情。這不僅是我們的職業道德所要求的，也是我們人格魅力的體現。愛迪生經歷了那麼多次的失敗，最終才發明了電燈。

做計畫是一件好事，說明自己對未來一段時間的工作或學習，做了充分的考慮和計畫。如果能夠堅持下來，無疑對自身的成長有益無害。尤其在當今競爭日益激烈的時代，只有踏踏實實地一步步走好，才不會被淘汰，才會有立足之地。

但是凡事講究循序漸進，不能操之過急。因此對於已經建立好的目標和計畫，不僅要採取有效的行動，還要協調有序地進行，不應該在前面給自己過多的任務，導致後面精力不足、缺乏拼勁。總之，只有善始善終，持之以恆，我們才有可能獲得成功。

 # 越是想忘記的越印象深刻

有則《喜馬拉雅山上的猴子》的寓言，且來聽聽是怎麼回事：

很久很久以前，在喜馬拉雅山的山腳下住著一群勤勤懇懇的純樸山民，他們日出而作日落而息，周而復始地耕作著。雖然他們辛苦勞作，但收穫卻很少。所以他們非常貧窮，做夢都想要發財。有一天，從山外來了一個巫師，他對山民們說他會一種「點石成金」的法術，並像模像樣地表演起來，竟然真的把山民們搬來的石頭變成了金子，然後他告訴山民們：「點石成金有一個咒語，只要你們對著大山，在心裡默念這個咒語，然後用手指著石頭，這塊石頭就會變成金幣了。我可以把咒語教給你們，但你們要把你們最值錢的東西交給我做學費。」

於是盼望著發財的山民，就把家裡最值錢的東西交給巫師，然後席地而坐，洗耳恭聽巫師傳授的咒語。但是這時巫師又說：「你們在念這個咒語的時候，心裡千萬不能想到喜馬拉雅山的猴子，否則這個咒語就會失效。」巫師走後，山民們就急不可耐地開始嘗試起來，但是他們發現每次面對大山虔誠地念起咒語時，那該死的「喜馬拉雅山的猴子」總會出現在腦中。他們越是克制自己不要想起，就越是想起，所以他們並沒有把石頭變成金子。然而，山民們還是沒有想到

是巫師騙了他們，只是覺得巫師說得沒錯，因為他們總是想起喜馬拉雅山的猴子，所以咒語果然失效了。

事實上，喜馬拉雅山的猴子和點金術並沒有什麼關係，只不過是奸詐的巫師為了誤導村民，強行給它們配對了緊密的關係而已。因此在山民們的潛意識裡，「喜馬拉雅山的猴子」成為他們是否能夠「點石成金」成功的關鍵，所以他們越是想把「喜馬拉雅山的猴子」放在內心深處不要想起，就越是克制不住地想起，真是「不思量，自難忘」！

在我們平時的生活和工作之中，那些「喜馬拉雅山的猴子」，我們越是刻意想要去忘記，反而越會加深印象和記憶。所以對於一些我們十分想要忘記的東西，不妨就讓它順其自然，隨風而去。

如果不能忘記，那就讓它們深深留在心中，或悲或喜，偶爾回憶一次就足矣。相信隨著時間的流逝，所有的一切終究會消逝。比如有些人剛剛經歷了戀愛分手的痛苦，借酒消愁，總是想要麻痺自己，讓自己在沉醉中不再記起那些曾經發生過的事，讓自己忘記曾經的甜蜜喜悅和相互間的親密，但是事與願違，「杜康」並不是解藥，越是刻意地想要忘記，那些美好的經歷和故事就越會歷歷在目，似乎近在眼前但又遙不可及，反而讓人更加痛苦。

時間是最好的解藥，讓自己在時間中慢慢淡忘一切吧。

關鍵時候總是出狀況

你有沒有發現，很多時候自己總是在最關鍵的時刻出狀況？比如交作業的時候電腦突然壞了；考試的時候手錶突然壞了；第二天要參加田徑比賽，晚上就扭到腳了⋯⋯

如果只是一兩次，那麼肯定屬於意外，但是如果總是在這種最重要的時刻出狀況，而且每次出狀況之後你還有一點點慶幸的話，那麼從心理學上看，這就是由心底的不自信引發出來的壞毛病。

因為每當這時候，不自信帶來的隱隱不安，總會不斷暗示自己有可能失敗，所以自己就故意引導事情逐漸走向失敗的意外結果，好讓別人知道不是自己能力不行，而是一些意料之外的事故，導致你發揮失常了。比如你覺得這次作業寫不好，不太想交上去給老師看，於是這時候你反覆折騰電腦，終於「正巧」它壞掉了。

最關鍵的時候出狀況，其實是很多人在不斷地給自己進行失敗的心理暗示，從而自作自受地給自己設置困難的障礙。例如公司安排你明天去洽談一筆大業務，但是你擔心以自己的水準不足以談成，一夜輾轉反側，結果第二天早上起來發現感冒了，公司只好安排其他人去。當你這樣想的時候，事情很可能會朝著你希望的方向發展。不是這些絆腳石阻礙了你的腳步，而是你自己心甘情願地設置自我障礙絆住

了自己，是你讓自己出了狀況。

而為什麼有的人會喜歡讓自己出狀況呢？一方面是因為這些人個性往往都很強，不願意讓別人看到自己失敗，所以他們喜歡用「自我障礙」來限制自己，從而保護自己，減輕失敗帶來的自尊傷害。他們向來不喜歡在別人面前承認自己能力不足，也不想坦誠自己的失敗，雖然事實上大家都已經知道了。

另一方面，有時候過於渴求成功，也會導致這種臨時的意外情況的發生。比如在一些重大的賽事上，我們常常失望地看到勝算比較大的運動員或團隊發揮失常，失去冠軍的機會，甚至沒有得到獎盃。運動員這種臨場「出狀況」的現象，在心理學上被稱為「阻塞現象」，表示人的運動能力在即將勝利的關鍵時刻，突然由於太激動而導致「哽噎」，使運動員沒有正常發揮出最高水準。

心理學家發現，運動員身上出現這種問題，往往是因為他們在比賽時想得太多，心理出現了障礙。當人們開始為自己的表現而緊張時，他們會變得更加在意自己的行為，變得小心翼翼。但是越謹慎越容易顧此失彼，甚至會忘記自己應該做的事情。比如在快節奏的籃球比賽中，如果運動員太注重自己傳球和接球的動作是否標準，很有可能會流於形式，忘記了最重要的是接到球，從而導致失誤。所以當你害怕失敗，開始為失敗尋找理由的時候，你就有可能真的會出狀況；而當你害怕失敗的結果，太注重細節的時候，你也會出

狀況。如果不想要出狀況，就應該在平時的學習和工作中，多總結和複習，多積累成功的經驗，做好充分的準備。此外，不要總是給自己找藉口，保持平常的心態看待成功，要贏得起，也要輸得起；提升自己的心理素質，「吃一塹長一智」，克服遇到困難和挫折時的沮喪心理和情緒，讓自己積極主動起來。

贏得起，也要輸得起

有一次「最強大腦」國際挑戰賽，大陸隊與義大利隊對戰，最終大陸隊以三比一大勝義大利隊。這原本是很令人興奮的消息，然而電視機前的大陸觀眾似乎並不買帳，反而覺得「雖勝猶敗」。這是因為，大陸的天才少年李雲龍竟然在比賽中扛不住壓力和失敗，當眾崩潰大哭起來，甚至癱軟在座位上，站都站不起來。這引起人們的深思，為什麼大陸少年如此「輸不起」？我們是不是也是如此，贏得起，輸不起呢？

從古到今，「輸不起」的現象在各個方面都屢見不鮮。古有項羽烏江自刎，今有大陸「劉翔有傷」。大到國際大型比賽，小到平時的小考試小比賽，我們似乎都是「只許成功不許失敗」。比如每次奧運會結束之後，我們最看重的只是獲得金牌的運動員；而在股市中，人們最關注的也是誰是贏

家，而不看輸家。

我們常常輸不起。對我們很多人而言，對於勝負也和李雲龍一樣，只想贏而無法接受失敗。我們太看重比賽的「贏」，長此以往，心理上很容易出現問題，比如斤斤計較、承受不了失敗。

之所以有「輸不起」的心理，很多時候不僅是我們不能接受失敗的結果，還因為我們不能夠接受失敗後人們異樣的眼光。一方面，「輸不起」表明缺乏受挫教育，一旦有了暫時的挫折就萎靡不振。另一方面，這種「輸不起」也是一種狹隘的思想，輸不起的人不容許自己和別人失敗。「輸不起」的人往往無法接受批評，也拒絕接受不同的意見，即使他們知道自己錯了，也不肯認錯道歉，「聞過則怒，聞功則喜」。

相對而言，「輸得起」的人往往有著開闊的胸襟和氣度，通常能夠容忍和包涵別人的錯誤，同時能夠發現別人的優點，並向他們學習。

六國時期的秦穆公就是一個輸得起的君王。當初他派遣三主將征伐鄭國，卻沒有想到在崤山被晉軍伏擊，導致秦國全軍覆沒。戰敗之後，主張出兵的由余向秦穆公請求治罪，沒想到秦穆公竟然說：「這個罪過只在寡人一個人身上，與愛卿有何關係呢？」然後他穿上素服去哀悼陣亡將士，並親自迎接被遣回的三主將，痛哭道：「是寡人使眾將軍身受戰敗的奇恥大辱，實在是寡人的罪過啊！」秦穆公能夠坦承失敗的責任，並沒有因為面子而將這個失敗歸罪在將士身上，

也正是如此了不起的胸襟，讓他最終躋身於五霸之中。

在現實生活中，贏的機會只是少數，很多事情如果重在感受，那麼我們將會得到比贏更為重要的東西。「只能贏不能輸」和「贏得起、輸不起」都是病態的、不健康的心理，如果不能正視這個問題，當面對人生的起起伏伏時，很多人會接受不了殘酷的現實。既要「贏得起」，也要「輸得起」，坦然面對，勝固欣然敗亦喜，閒觀花開花落，坐看雲起雲落，這才是人生的正確態度。

有時候字越看越不像

你有沒有發現當長久地盯著一個字的時候，就會覺得似乎這個字已經不是我們原先認識的那個字了？到底是我們的眼睛出現錯覺，還是字本身出了問題呢？

美國加州大學聖達戈分校的大衛・E・休伯，通過三個實驗來研究這種看久了就不認識的現象：在第一個試驗中，被試者會不斷重複地看到許多具體的名字，例如香蕉、蘋果、梨等。停止之後，讓他們進行同類別組對，如水果、汽車等。在這個實驗中，每個被試者都能夠正確完成任務。在第二個試驗中，被試者要將一模一樣的單詞進行配對。比如說第一個出現的是「輪胎」，如果接下來出現「輪胎」，就可以配對。雖然在這個過程中同樣的詞重複十次以上，但是

每個被試者也能夠準確配對。在第三個試驗中，首先一直給被試者看到「水果」這個單詞，然後再不斷出現「蘋果」「香蕉」「輪胎」這些詞，讓他們把屬於水果的跟「水果」進行配對。這時，當「水果」這個單詞重複出現時，被試者的判斷不僅變慢了，而且很容易出現失誤。

這是因為如果人們一直看「水果」這個單詞，大腦還是會認得這個詞，但是當人們需要「水果」這個單詞的意義時，大腦就會變得遲鈍起來。所以說當我們看久了一個字，不僅會出現字形與意義的分離，還會使聰明的大腦疲憊。因此當困倦的大腦再次識別時，需要時間來重啟，一時難以恢復到原來的意識和水準。心理學上把這種現象稱作「語義飽和」，也就是說，如果在短時間內，對神經系統進行多次重複的刺激，就會相對地使神經活動受到抑制，這時神經開始變得疲倦。因此當我們反覆看一個字時，閱讀和辨認的這條神經會麻痺和受到抑制，導致我們越看越覺得不對勁，越寫越覺得不認識。

而且我們乍一看，看到的是字的整體部分，然而在逐漸熟悉的過程中，因為神經疲勞的原因，大腦將我們的注意力分散到每個筆劃中。因此當我們重新辨認字體時，大腦就會將這些筆劃重新組合，形成短暫的新認識，比如可能會只認識局部如偏旁、部首等，從而對整個字喪失了整體感。此時我們開始覺得這個字變得很奇怪，不像是我們所知道的那個字，越看這個字就越覺得它是支離破碎的，變成了僅僅是筆

劃的堆積，甚至會覺得這個字不代表任何意義。

這種情況不僅僅發生在國字身上，英語、法語等語言也會出現這樣的情況，甚至有時候我們看某一張照片、某一處景色、聽某一首曲子時也是如此——越看越覺得陌生，越聽越喪失熟悉感，甚至熟悉的人看久了也會覺得陌生。這就是因為我們的聽覺、嗅覺等與視覺一樣，產生類似的神經疲倦現象，引起了相關感官的麻痺和抑制。比如當我們身處在一個嘈雜的環境中，慢慢地，我們也會覺得好像沒那麼吵了。

總是丟三落四的

你是否總會不記得鑰匙和手機放在哪兒？你是否有過為了找鑰匙而上班遲到？根據英國一家公司的調查顯示，人們平均每天都要花費十五分鐘的時間去尋找隨身物品，其中手機、鑰匙和檔案是最經常尋找的東西。不僅如此，對於丟三落四的人來說，丟手機、丟錢包、丟雨傘、丟杯子也是習以為常的事情。

每一次丟了東西，你可能都懊惱不已，責怪自己不小心，提醒自己以後要小心小心再小心。但是丟三落四的習慣好像永遠「長」到你身上了，根本就改不掉。那麼你為什麼會有丟三落四的壞毛病呢？

從心理學上說，丟三落四是因為注意力缺乏引起的，這

是人們在現代社會快節奏的忙碌生活中，因為壓力太大而引發的一種後天性的毛病。例如在菜市場買菜時，突然想起今天下午被上司責罵的委屈，或者在想吃完飯後還要加班改計畫，正當想得入迷，賣菜的老闆提醒一聲「秤好了」，這才猛地驚醒，給了錢就逕直走了，菜卻忘記了拿。學習、工作、生活的壓力到處都是，而一個人的時間和精力有限，不可能什麼事情都兼顧得到，所以很容易丟三落四。

此外，丟三落四的壞毛病的養成，實際上也與個人的性格及家庭教養方式有關。丟三落四，常常是我們童年時代就養成的不良習慣，因為那時候孩子的注意力很容易被其他外在事物吸引。從家庭教育方面來說，如果一個人一直不能夠獨立生活，從小到大都是由父母處理生活中的一切瑣碎事務，包括收拾鑰匙、電話、書本等出門前的必做之事，自然而然就養成了等待著別人幫忙收拾的壞習慣，而自己卻沒有獨立自主的好習慣和方法。

當然也有心理學家認為，丟三落四的行為更多的是與腦部發育不良和遺傳因素有關。

如果想要告別「丟三落四」這種從小養成的不良習慣，首先應該轉變長期以來形成的思維方式和處事態度，否則想要在高速發展的現代資訊社會立身和生存，就會更加不容易。當然，要改變這種不良習慣並不是一朝一夕的事情。但是我們可以刻意地告訴自己要養成獨立生活的良好習慣，完成自我的改造，這樣才能告別「丟三落四」。比如可以運用

口訣和口號的方式，讓自己記住出門前要帶的幾樣東西，如「伸手要錢」，「伸」就是身分證，「手」就是手機，「要」就是「鑰匙」，「錢」就是「錢包」，如此實行下來，簡單明瞭，就很容易記住出門前一定要帶的四樣東西了。

在資訊大量充盈的現代社會裡，當你發現自己有了「丟三落四」現象的時候，應該適度地減輕自己的壓力，放慢自己的生活節奏，比如下班了就應該好好享受生活，想想晚上該做什麼菜，讓自己忘記工作中不愉快的事情，這樣說不定能夠減少或者避免出現丟三落四的情況。

女人愛減肥，男人愛肌肉

隨著物質文明的發展，人們對健康的要求越來越高，不僅出現了眾多的健身房，在公共場合和居民社區也有了各種體育器材，健身已經成為茶餘飯後的一項全民運動。只不過，女人是為了減肥，而男人則是為了鍛鍊出肌肉。

那麼愛減肥的女人和愛肌肉的男人究竟是怎麼回事呢？

所謂「女為悅己者容」，大部分的女人都認為只有瘦下來整個人才會變得漂亮。「小蠻腰」「盈盈一握」，道出了男人眼中的女人所謂的美感和性感。實際上，男人根本不需要女人那麼瘦。進化心理學的研究成果表明，太瘦的女人並不是男人的最優選擇。

一直以來，與男人相比，女人身上的脂肪量更大。在大饑荒的特殊年代，女人比男人更容易存活下來，就是因為肥胖的女人更容易保存體力，從而在這個世界得以生存。而在如今這個營養過剩的時代，女人不需要自身過多的脂肪來保持存活的希望，因此胖的優勢已經被削弱了。但是這並不意味著「瘦」就是男人們喜歡的標準。千百萬年來人類進化形成的繁衍生息的原始生理，在潛意識裡告訴男性，體態正常的女性才意味著健康，才適合生育。所以為了開枝散葉，在男性眼中，體態微腴的女性更深得他們的喜愛。

儘管很多女人意識到了男性的想法，但她們還是會選擇一直瘦下去。這些女人常掛在嘴邊的「減肥」，其實很大程度上並不是為了迎合男性的審美需求，而是為了自己的虛榮心。她們減肥瘦身，最主要是為了在同性之中保持某種優越感。

自古以來，男人就夢想擁有盡可能多的肌肉。從人類進化史來看，在原始落後的野蠻社會中，因為文明進化程度還遠遠不夠，人們要想維護自身利益和取得更多的生存資源，更多的是靠互相打鬥。例如為了贏得自己的配偶，就需要進行決鬥。對於男人來說，肌肉強壯就代表著力量強大，就有可能打敗對手，就可以獲得更多的資源和機會。

因此在男人的潛意識裡，肌肉就是一種美和安全感。同時男人也希望能夠通過強健的體魄和結實的肌肉，來向心愛的女人顯示自己的男子氣概。近幾年來，男人對於肌肉的嚮

往和追求，開始呈現出增長的態勢。隨著完美體型在網路上的頻頻曝光，擁有堅實肌肉的男子成為男性追捧的對象，也因此引發了普通男性所謂的「肌肉美男子情結」。

而實際上，並不是所有的女性都喜歡有肌肉的男性，很多女性甚至不能夠接受男性有肌肉塊。「謙謙君子，溫潤如玉」，那種舉止優雅的傳統男性，有時候更容易受到女性的青睞。

愛減肥的女人和愛肌肉的男人，總以為自己是為了吸引對方而不斷努力減肥和鍛鍊的。而實際上，大多數人都是自戀的，愛減肥的女人和愛肌肉的男人，有時候僅僅是為了滿足自己的虛榮心。

有些美女整容也上癮

隨著社會的發展，人們的思想意識越來越開放，整形美容已經被大眾所接受。愛美是女人的天性，現代社會公平的競爭環境，使女性在工作崗位上能夠發揮出自己的才能，也相對地獲得了較高的經濟收入，可以支付起自己的美容花銷。因此為了讓自己成為美女，越來越多的女性加入到整形的隊伍中。比如小到立竿見影的瘦臉針、美白針，大到隆胸、磨腮、削顴骨，女性不斷進行著嘗試。

在娛樂圈中，明星整容已經不是什麼新鮮事兒，大部分

的明星即使不是大整也是微整，不整容似乎就不是娛樂圈裡的人。然而很多女明星她們自身原本已經非常美了，是眾人所稱讚和公認的美女，還想著整容。

「整容癖」折射出的是一種偏執的心態，從心理上來說，整容者不認同自我，討厭原來的自己。她們不願意看到原來的自己，甚至想要完完全全地改變自己。因此這種不接納自我身分和存在的感覺，讓她們選擇通過整容去改變自己。

「整容癖」還源於整容後變美的一種愉悅感和滿足感。如果手術效果很好，她們將對整容不再恐懼，甚至加快了一整再整的步伐。同時，她們帶有一定的完美強迫症。她們過度追求完美，對整形美容手術抱有不切實際的幻想。眼睛剛整大了，又覺得鼻子不夠挺，所以只好不斷修正，越整越上癮。

事實上，越是試圖通過整容來達到自己理想中的模樣，越是不可能完美無缺。因為整形手術是不可能做到百分之百完美的。因此對於正在整容或者正想去整容的美女而言，心理上也要減少一些完美主義，要勇於接納自己的那些不完美，這樣就不會陷入整容的漩渦。

當然，一個具有強大內心的人，無論自己長什麼樣子，都不會去整容。因為她們自信，即使沒有足夠美麗的容貌，也依舊可以活得開心快樂。那些整容的美女，內心深處埋藏著極大的自卑和不自信。所以一個人最重要的是從內心深處

接納自己原本的一切——美與醜、好與壞，而不是依賴外在調整來改變對自身的看法。否則就算是外貌已經發生了改變，還是會感到焦慮不安的。

　　雖然對美的追求是人類的本能和天性，但美是多層次的，不僅僅體現在眉毛、眼睛、鼻子、嘴巴等五官的絕對美麗上，還在於個人本身的一種立體、協調的整體美感，更在於自身透露出的氣質和內涵。因此在整容之前，美女們應該先確定自己究竟想要的是什麼，調整好自己的心態，先從心底接受原來的自己，這樣才能接受改變後的自己。

放大痛苦只會讓自己更痛苦

　　生活中經常會發生這樣的事情：一個人失戀了，因為接受不了愛人的離開而陷入困境，茶不思、飯不想，日漸消瘦，精神頹廢。這種失戀的痛苦短則兩到三週，長則好幾年，甚至有一些人還因失戀而輕生。「當局者迷，旁觀者清」，其實失戀只不過是人生路上的一件小事，而失戀者卻把它當作天大的事，要死要活的。

　　當我們為某事感到痛苦時，似乎會覺得痛苦越來越嚴重。從心理學上看，痛苦不可能變大，變大的只是痛苦的感覺。這是因為當痛苦產生時，人們往往會把痛苦的感覺放大，比如在不斷的傾訴、回憶中，會覺得越來越痛苦。心理

學家森田正馬提出的精神交互作用認為，有時候人們會因為感知到某種感覺，引起對它的注意集中和指向。就拿痛苦來說，當我們意識到我們內心中存有痛苦時，就會特別在意這種痛苦的感受。當這種感覺不斷地在腦海中反覆時，人就會變得敏感，而感覺上的過度敏感又會使注意力進一步集中在這種感覺上。因此這種感覺在注意力的彼此促進、交互作用中，會變得更加敏感、顯著。

那些刻意的心理暗示，會加重內心的痛苦和悲傷。有時候我們覺得痛苦，事實上並不是所痛苦的這件事情很讓人難受，而是這種痛苦的暗示加深了我們對痛苦的感知。就像我們覺得很痛苦時，總是會迫切地想知道為什麼會這麼痛苦，當我們把注意力過分集中於內心的痛苦時，痛苦就會被無限地放大。

魯迅說：「真的勇士，敢於直面慘澹的人生，敢於正視淋漓的鮮血。」然而大多數人並不是魯迅筆下堅強的勇者，面對痛苦悲慘的往事，我們無法像局外人一樣冷靜地回想、分析，無法客觀理性地洞察自己的內心，反而會被這種痛苦不斷吞噬，越是刻意，就越無法擺脫痛苦的折磨。

就像失眠，越是想睡卻越睡不著，這是因為失眠者過於關注失眠的痛苦，失眠的恐懼被加劇了。其實對於經常失眠的人而言，即使只有二至三小時的睡眠，第二天的工作也能做好。凡事都不要刻意，問題並沒有我們想像的那麼嚴重。如果我們能把注意力轉向工作學習，不那麼關注自己的身

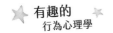

心，其實煩惱就能少很多。

　　所以不能把注意力過多地投向痛苦和產生痛苦的原因，那樣就等於自殘。忘卻痛苦也是痛苦的解脫之道，不需要過多思考痛苦會帶來多大的後果。既然事情已經發生，我們可以做的就是把握好未來的日子。「時間是最好的解藥」，隨著時間的推移，痛苦會慢慢減輕，最終自己也能坦然接受。所以切莫放大痛苦，而讓自己陷入痛苦的牢籠。

意想不到之外
必有道理

世上本無完美，不必去苛求

很多「完美主義者」一直孜孜不倦甚至不惜一切代價地想成為一個人人稱讚的「好人」，或者竭盡全力想把事情完成得完美無缺，這本來是無可厚非的，但事實上沒有什麼是十全十美的，有時越是追求完美，越容易出現問題。

在工作中精益求精的態度是要提倡的，但是如果總盯著一些小細節不放過，那麼你會發現需要改進的地方越來越多，最終可能會耽誤工作進度，甚至有可能永遠都完成不了工作。比如有的人總是花大量的時間不斷加班，只為了達到他自己設定的目標。這種對於完美的苛求已經不是正常的工作態度，而是一種病態的心理表現。

從心理學上來說，過於追求完美很大一部分原因在於孩童時期的嚴格教育。他們的童年並不是燦爛、自由的，而是在一個個任務中摸索前行的，而這些目標和任務往往是他們嚴厲的父母設定的。為了達到這些難以企及的目標，這些孩子不斷地學習並學會要求自己。而父母總是以成年人的眼光來打量他們的所作所為，不斷地提出更為細緻的要求，於是他們從小就習慣了把每個細節都做到最好，即使這些細節有時真的無關緊要。這樣不僅給自己帶來了繁瑣的任務和巨大的工作壓力，還會給身邊的人帶來影響，他們甚至會苛求身邊人也跟自己一樣，追求完美。

　　追求完美不僅容易勞累，還會因為熬夜、趕工等原因，給自己的身體帶來損害。更為嚴重的是越是追求完美，壓力就越大；越是在細節上下功夫，越耽誤最主要的事情。所以這樣的人非常容易焦躁，一邊看著自己因為細節而耽誤了很多時間，一邊又放不下這些細枝末節。但是越焦躁越不能沉下心來完成任務，往往會使事情越做越糟糕。事實上，真正的完美是不可能實現的，過度追求完美，很容易出現更多問題。

　　追求完美的人在心理上渴望別人通過肯定他們的成就來認可、接受和關愛他，但是因為他們對一切的細節都苛求完美而無法做出成績，所以他們永遠也成不了那些人人口中喜歡、尊敬、愛戴的人。反而有時候這樣的人會被人厭惡。比如曾經有一個教授對自己所帶的研究生要求特別多，從不認可學生提出來的觀點，對學生所寫的論文也是百般挑剔，最後導致論文遲遲完成不了，學生只得延遲畢業，耽誤了工作。師生之間的矛盾也變得不可調和。

　　所以放下完美主義，放過自己和他人，忘掉那種對於細節的強迫。比如允許自己幾次不能按計劃完成工作；允許自己為了大局考慮，放下工作中無關痛癢的不完美細節；同樣也可以暫時允許自己的辦公桌和家裡弄得一團糟，沉沉地睡上一覺，然後你會發現，即使你並不完美，地球還是會繼續轉，生活還是會繼續，而沒有了瑣事和細節的糾纏，你似乎變得更加快樂。所以放下你那過於苛求的「完美主義」吧，

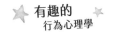
在工作之餘好好享受生活的小美好！

 ## 選擇太多並不一定是好事

　　看過電影《購物狂》的人，應該對劉青雲飾演的李簡仁的各種糾結和選擇印象深刻。在茶餐廳裡，李簡仁正在為吃什麼午餐而發愁：「咖喱角上火，燒春雞麻煩，乾炒牛河又太油膩，三明治又吃不飽……燒味有叉燒、燒鵝、燒肉、油雞、切雞、燒排骨、單拼、雙拼、三拼還有四寶，怎麼選？」甚至面對著雪菜肉絲麵和紅燒牛肉麵，他都不知道選什麼比較好。你也有過這樣的經歷嗎？你是不是也有著喝雪碧還是喝可樂的「選擇困難症」？

　　在現實生活中，我們經常要做出選擇。在餐廳糾結吃飯還是吃麵，在學校糾結選哪門課程，而工作了也要選擇去哪裡工作、做什麼，就連出門都要選擇是坐電梯還是走樓梯。有選擇並不是壞事，總比沒得選好，但可供選擇的東西太多，尤其是當這些東西差別很小、各有利弊時更加折磨人，更容易使人患得患失。

　　很多人永遠不確定自己要的是什麼，他們缺乏明確的目標，優柔寡斷。在阿拉丁神燈的故事中，主人來到滿是寶藏的地下室，對每一件寶藏都愛不釋手、無法放棄，最後卻空手而歸。這個故事告訴我們，如果你什麼都想得到，最終什

麼都得不到。

現實生活中的我們，很容易被各種選擇所困擾，而最根本的原因就是認不清現實，不知道自己究竟最想要什麼，什麼是最需要的、最必要的。比如根據你現在的身體狀況，如果你覺得自己內熱、有火氣，就應該放棄麻辣的火鍋，而選擇清淡可口的燉湯；如果你是高血糖患者，就要和甜美精緻的蛋糕說再見。

「選擇困難症」還在於總是患得患失。「魚和熊掌不可兼得」，但是他們都不捨得放棄，所以不知道選哪一個好，害怕做了選擇，自己會後悔。從另外一個層面上看，也是因為他們害怕承擔選擇之後的責任，害怕自己不能接受錯誤的選擇帶來的壞結果。比如想去大陸想看美麗的秋色，不知道去九寨溝好還是新疆好，去九寨溝怕人擠人破壞美感，而去新疆又擔心路況問題。他們總是在前進的路上，對於自己所面臨的選擇糾結不已，終日惶恐不安，懷疑自己的選擇是否正確。

患得患失的背後是沒有認清事物的兩面性。不可能所有事情都是完美無缺的，所以對於存在「選擇困難症」症狀的人來說，要試著放鬆身心，對所有事情不要太緊張、太在乎，相信自己的選擇，要有「有捨才有得」的決心。

對於完美主義者來說，選擇是他們一生的糾結，讓極度苛刻的他們做出選擇比登天還難，因為他們總是找不到最為理想的那一個，比如去面試時，他們認為穿正式服裝太死

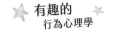
板、穿休閒裝太不正式，然後可能為了選擇衣服而耽誤了面試時間，最後導致求職失敗。

精神醫學認為，選擇恐懼症其實也是對自我不滿的表現。他們認為自己不夠好，因此把這種不滿的心理變相地投射到工作、戀人或者物品當中，變相地通過「選擇」來折磨自己，逃避現實。然而沒有任何一個選擇是完美的，因此在選擇之前，要果斷地放下對生活的苛求、對盡善盡美的責難，在心中懷著一點點冒險的精神，向未知的生活勇敢地前行，這大概才是生活的意義所在吧。

沒有秘密的人是不完整的

你有秘密嗎？你能夠保守自己和別人的秘密嗎？要知道，「保守秘密」可是心理健康的重要能力！

長期以來，心理學家們就認為保守秘密的能力，居於一個人心理健康發展的中心位置，並且這種能力會隨著人的成長而不斷增強。例如在人的成長歷程中，六至七歲的時候，兒童就已經學會並能夠保守秘密，比如配合爸爸給媽媽一個生日驚喜。心理學家根據研究認為，在青春期和成年後，一個人如果不能在與他人的交際和來往中保守秘密，或者為了保守秘密而說一些善意的謊言，那麼他的精神健康就有問題。

最常見的事物，只有當你把它藏起來的時候才會更叫人高興。此外，人們還認為保守秘密能增強一個人的吸引力。但是對於很多人來講，保守秘密相當困難，無論這個秘密是自己的還是別人的。他們往往會因為嚴守一個秘密而精神崩潰。他們總有洩露秘密的慾望，所以具有強烈的表達慾的他們，經常需要不斷地克制自己，才會不說出秘密，但是這樣往往會導致一個更加不好的結果，那就是他們在為了保守秘密而精疲力竭的時候，無意識間就把秘密說了出去，結果產生了嚴重的後果。

例如你的好朋友告訴你她離婚了，但是還不想告訴其他人。可是每次別人問起她的情況的時候，你總是忍不住想要說出她已經離婚的事實。終於有一天，你忍不住跟一個朋友講了，不料正好被這位好朋友聽到了。於是她生氣地跟你絕交了。

為什麼人們總是保守不住秘密呢？一方面來說，說出秘密能夠宣洩情緒，因為秘密一般都隱藏著驚喜或者難過的事情，而這些情緒積壓在心裡，會給心理帶來很大的壓力，所以多告訴一個人，就等於減輕了心理壓力。另一方面，說出秘密是自我暴露的一種社交技巧，通過雙方分享秘密能夠增進友誼，拉近人與人之間的距離。兩顆一起「八卦」的心，會很容易互相接受和認可。

然而有人卻天生能保密。在過去十年中，心理學家通過實驗發現了一個更大的能夠保守秘密的群體，他們就是所謂

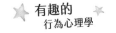
的「壓抑者」。在美國人口中有百分之十至十五的人屬於「壓抑者」這個群體。這些人更能無視或者保守那些讓他們感覺尷尬的「秘密」，所以他們更能嚴守秘密。「壓抑者」的性格很平和，一般自我感覺都比較良好，所以他們很少會生氣，也很少為金錢或者噩夢所困擾。他們不會在意這些秘密帶來的麻煩和困擾，因為他們的生活習慣是極好的，他們喜歡用美好的記憶去淡忘那些痛苦的事情，習慣於遮罩掉不良的資訊，因此即使聽到了秘密，也像是沒聽過一樣，不把秘密放在心上，自然就保守住了秘密。

沒有秘密也容易出現心理問題。因為在我們每個人的心中，都有著一個與外在的自己完全不同的角色，我們不可能把內心的所有想法都告訴別人，那個心底的秘密世界，進來的只能是自己。因此在這個世界裡，我們可以自由地馳騁和奔跑，可以全心全意地發洩自己。而沒有這個秘密世界的人，只能在遇到問題的時候將壓力和苦悶發洩到別人身上，或者壓抑著自己，令自己變得多疑、暴躁和膽怯。所以說沒有秘密的人生是不完整的。

 ## 《秘密花園》真的是減壓神器嗎

前一陣子很火的書，非《秘密花園》莫屬。二〇一五年《秘密花園》的全球銷量已經超過數百萬本。這僅僅是一本

填色書，但傳說卻是一個「減壓神器」。「當我關了手機、電腦和電視，放下小說創作，集中精力選擇合適的顏色，塗完整張紙，我所有的煩惱就會一掃而空」，英國小說家麥克・凱恩如此評論。

蘇格蘭插畫家喬漢娜・貝斯福德設計了這本《秘密花園》。簡單地來說，這就是一本塗色繪畫書，原本只是「小孩子的遊戲」，但是貝斯福德通過巧妙的設計，將這個遊戲發展為不僅小孩子可以玩，「大孩子」也可以玩。相對來說，現在這個遊戲有著越來越多的成年粉絲群體。於是這個標榜著專門為大人們設計的填色書衝進了人們的視野，並且迅速風靡全球。

填色畫究竟能不能幫人減壓呢？從心理學的角度來看，只要你能沉迷於某件事情當中，自然就能夠放鬆自己，忘記現實生活中的壓力和煩惱，確實能夠減少焦慮。而填色畫不僅僅能夠讓人們表現出自己的繪畫能力和配色水準，更為重要的是當人們開始填色時，就相當於進入一個冥想的意識階段。

當人們專注於纖細複雜的線條塗抹色彩時，精神上的注意力會逐漸地轉移到塗色之中。這項相對容易完成的塗色任務，讓人們逐漸進入一種「渾然忘我」的境界。這時候的人們往往忘記了凡間俗世，忘記了自己中午要吃什麼的煩惱，忘記了明天要去向主管彙報工作的恐懼，忘記了自己的論文還沒有達到發表次數的焦慮，在這種狀態下，人們往往會感

覺不到時間和環境的變化，能以極高的效率完成手中的任務，並且產生充實的感覺。

在這個冥想的過程當中，人們會讓思緒隨意流動，降低焦慮程度。這時頭腦中不斷計畫過的未來，不斷思考過的過去，都將逐漸淡出視野，我們不再為昨天、今天、明天而煩躁。《秘密花園》的神奇就在於此，它能夠將人們被臉書、LINE、新聞分散的注意力集中到當下這一刻，集中到自己身上，不帶任何思緒和偏見地放空自己，靜靜地接受和感知身體的運作，進而使自己平靜、安定。

除此之外，填色繪畫是我們童年時經常玩的，因此《秘密花園》的填塗，可能也會讓人想到童年的遊戲，使人好像回到了童年那些無憂無慮的時光。這也可以減輕我們當下生活的焦慮和壓力。

然而哈佛醫學院心理學專家蘇珊‧琳恩也表示，儘管填色能讓人心情平和愉悅，但是目前這些填色書的市場定位僅僅為治癒性玩耍。大部分填色的人僅感覺有趣味而已，填色活動並不比自己從無到有地創造作品更能放鬆身心，填色雖然簡單，但是對人的創造力還是有很大限制的。

《秘密花園》事實上並不適合每個人玩耍，尤其對於有強迫症的人來說，這只能是一個「增壓神器」。因為他們往往過於專注於填色本身，比如如何配出協調漂亮的色彩，如何組合出令人驚豔的圖案，有時塗錯顏色或者線框，會讓他們變得更加焦慮。而且《秘密花園》每一版畫需要填塗的比

較多，圖案也比較繁瑣，需要耗費很多時間，有些人往往想一次塗完，就會陷入恐慌。此外朋友之間的曬圖也會讓人們產生相互比較的壓力，所以《秘密花園》如果對你來說不適合，就不要隨波逐流，而是要堅持自己的減壓方式。

重要的事情為什麼還會忘記

雖然「閃光燈記憶」認為我們往往會對重要事件記憶深刻，比如發生的重大事件如九二一大地震、偉人逝世、世大運成功等，人的大腦很容易對這些重大新聞事件記憶猶新，並且能夠在很多年之後仍然記住很多細節和感受。

但是對於重要事件的記憶，人們大多會受到記憶錯覺的影響，也就是說，通常人們認為自己的記憶能力很好，對某些事件一直保留有清晰的記憶，但事實上並非如此，那只不過是「閃光燈記憶」，讓人們一直以為自己所記憶的是真的、對的，實際記憶本身已經不準確了。

為什麼會這樣呢？這是因為我們的記憶一直在消退。雖然有時候自己得到了十分清晰逼真的記憶畫面，但是這些記憶已經不準確。因為「閃光燈記憶」，資訊可以被迅速啟動，這樣大腦隨時能夠處理和「列印」重大事件。這些「隨時列印」的記憶資訊已經被重新定義，與原來的記憶出現了偏差，但是大腦卻不由自主地相信了這些資訊的準確性。所

以我們總覺得對那些特殊大事的記憶，永遠不會隨著時間消失，事實上，這些記憶一直在更新和變化。

然而並不是離現在越遠的事情越容易忘記，反而是離自己越近的事情越容易忘記，特別是這件事情跟我們這幾天內做的事情完全不一樣的時候。與對過去的記憶不同的是在現實生活中，我們常常要記的是將來的事情，比如過兩天要去拿體檢報告、二十五號要開例會等等。有時候當我們正在聚精會神地工作，反而容易忽視自己原本惦記著要去做的事情。比如過兩天朋友要來，讓你下班之後幫忙去酒店訂一個房間，有可能你在忙碌的加班之後，自然而然地就把這件事情給忘記了。

在心理學上，對這些未來某個時間點要做的事情的記憶，叫作「前瞻性記憶」。與「閃光燈記憶」對過去重大事件的特殊永久記憶不同，我們很容易忘記前瞻性記憶。因此我們常常需要通過筆和紙條，將這些未來時間內重要的事情一一記錄下來，謹防自己忘記。

對於前瞻性記憶的忘記，在日常生活中，我們會有所體驗。有人曾經做過這樣一個實驗：分別讓兩組學生在每個星期寄出一張賀卡，連續寄七週。其中一組學生可以選擇隨機在一個星期中的任意一天寄出卡片，而另外一組學生則需要在每個星期三固定寄出卡片。結果發現前者基本可以做到每週寄出一張卡片，而後者更容易忘記寄卡片。

因此我們也可以看出，當你想要記住你未來幾天內要去

做的重要事情，你卻有可能因為心不在焉、忙碌、過重的壓力而忘記了這個事情，即使它是重要的。所以隨著生活節奏的加快和人們壓力的增大，對於很多人來講，忘記心中認為最重要的事情，也就不足為奇了。

銀牌與銅牌，哪一個更讓人高興

　　獲得銀牌和獲得銅牌哪一個更讓人高興？很多人一看這個問題，就會覺得銀牌獲得者肯定會比銅牌獲得者更快樂些，因為畢竟銀牌還是比銅牌更高一級的，然而事實上並非如此。雖然銅牌獲得者站得比較低，但與苦著一張臉的銀牌獲得者一比較，洋溢著笑容的他們卻表現得要開心得多。

　　不信你可以仔細觀察一下頒獎儀式上運動員的表情。如果你認真看了，應該能夠發現銀牌得主往往笑得很牽強，似乎不怎麼開心；而金牌和銅牌得主卻似乎都是發自內心地在微笑。獲得金牌的運動員高興之情溢於言表的理由自然不用說，獲得銅牌的運動員為什麼比獲得銀牌的運動員要更加高興呢？

　　二〇〇六年，美國心理學家大衛・松本觀察了二〇〇四年雅典奧運會柔道比賽運動員的面部表情，收集了三十五個國家八十四名運動員在比賽結束後、頒獎典禮時和發表獲獎感言時三個不同時間點的面部表情情況，結果發現沒有一個

銀牌得主比賽結束後微笑，他們甚至還出現了悲傷、蔑視的表情。而二十六個銅牌得主中有十八個微笑了。

在運動員比賽後接受採訪的錄影中，大多數銀牌得主都不太願意進行訪談，或者會直接表明自己很遺憾，僅一步之遙，再努力一點點就可以得到金牌了。而銅牌得主卻對自己的成績很滿意，總覺得自己是幸運兒，再差一點就什麼牌都得不到了。

所以心理學家得出的結論是：「從運動員的幸福感而言，金銀銅牌真正的排序是：金牌、銅牌、銀牌。」尤其在奧運會中，高手雲集，各個運動員水準不相上下，經常會出現銀牌得主只比金牌得主差一點點的情況（比如游泳比賽）。有時候因為心理素質、比賽現場環境等的影響，銀牌運動員會覺得因為內在和外在的原因而沒有得到金牌，這是相當遺憾的事情。

從心理學上來說，這是因為銀牌得主的比較對象是金牌，而銅牌得主的比較對象是沒得獎牌。所以銀牌得主總是在糾結為什麼不多努力一點點，要不然金牌就在自己手中了；而對於銅牌得主來說，他很慶幸自己拿到了獎牌，他的關注點是如果自己沒有努力，就差點沒有獎牌了。對於銀牌得主來說，他的內心有世界第一和世界第二的比較；而對於銅牌得主來說，他完全沒有第二和第三名之間的比較，他看到的是自己從無到有的進步。

就像一個學生有一次數學考了九十四分，這個成績是原

本一直徘徊在八十分左右的他完全想不到的，因此拿到成績時他興奮不已。但是當他看到與自己同一水平線的同桌竟然考了九十八分，馬上開心不起來了。因為他發現自己所獲得的成績與別人比起來還有一定的距離。所以對於很多人來說，對自己的不滿意是因為給自己設立的參照標準比較高。當我們在不斷追求的同時，沮喪和挫折從來沒有停止過。

「有些人僅因為自己是世界第二的拳擊選手或世界第二的划槳手而羞愧自殺。他即便擊敗了整個世界，唯獨一人無法超越，在他看來，也一文不值；他強迫自己打敗那個人，只要一天屈居第二，他的世界便沒有精彩」，心理學家威廉·詹姆斯如此說道。人們往往不容易放過自己，雖然自己明明取得了較大的成就。有時候失去也是一種得到，可是銀牌得獎者大多想到的只是得到，因為金牌是他們畢生追求的夢想。

 ## 人多力量就一定大嗎

在日常生活中，我們常常聽到許多俗語，「三個臭皮匠，勝過一個諸葛亮」、「天下烏鴉一般黑」、「一個巴掌拍不響」。很多俗語聽起來是一回事，但是到了具體的環境中，卻又是另外一回事。這次就拿「人多力量大」來說吧。第一次見到「人多力量大」還是在小學課本上——我們要折

斷一根筷子很容易，但是要折斷幾十根筷子就很難了。誠然，當我們需要搬東西、打掃街道、抬重物時，確實是人多力量大。

但是有時候人多力量未必大，人多了，反而因為組織結構繁雜、互相推托，力量也許就消失了。一個辦公室有三個人，一直都是新人小劉打掃衛生，後來公司來了兩個實習生，剛開始大家都搶著打掃衛生，辦公室乾乾淨淨、一塵不染的。到後來，這兩個實習生都以為對方會打掃衛生，都等著對方拿起掃把，竟然沒有人主動承擔打掃衛生責任了，最後辦公室一片狼藉。

在一個集體中，如果沒有統一的組織和領導，人再多也是一盤散沙，甚至還會出現相互傾軋詆毀、扯皮推諉的情況，更不用說什麼「人多力量大」了。我們都聽過「三個和尚沒水喝」的故事，它講的就是這個道理。

人多並不一定比人少強，現實生活中以少勝多的例子不勝枚舉。著名的赤壁之戰發生在魏蜀吳三國鼎立的特殊時代。西元二〇八年的冬天，曹操率領二十多萬兵馬攻打孫權。孫權聯合劉備，利用曹軍長途征戰的疲勞，再加上不習水性的弱點，火攻曹軍，只出兵五萬便把曹操打了個落花流水。曹操二十萬大軍浩浩蕩蕩而來，卻因驕傲輕敵，大敗而歸。

人多是不是真的力量小呢？法國心理學家林格爾曼針對這個疑問，做了一個拔河實驗，來驗證「人多力量小」。林格爾曼找了一些年輕人，將他們分為一人組、兩人組、三人

組和八人組，測量他們在不同群體中用力的情況。得出的結果是兩人組的拉力是兩人拉力總和的百分之九十五，三人組的拉力是三人拉力總和的百分之八十五，八人組的拉力只是八人拉力總和的百分之四十五，這個結果引人深思：群體力量的總數低於單個力量疊加的總和。

林格爾曼據此提出了「責任分散」理論：如果一個人獨自完成一件事情，那麼他會積極應對、盡力去做；而當以團體為單位去完成一件事情的時候，人們往往都會有所退縮和保留。因為前者只能獨自承擔責任，而後者則可以互相推托。在有些單位中就是如此，人多未必好辦事，尤其是在機關單位中，部門大並不能提高工作效率，只會造成機構重疊、人浮於事。往往會因為負責的人多了，導致職責不明確，人們反而不做事，做不成事了。因此我們不能簡單地以人多力量大來自欺欺人，品質才是最根本的東西。

一個機構的設置如果過於龐大冗雜，在沒有良好的管理和協作機制的情況下，人們就很難真正有效率地做事。震驚全美的尤克公園謀殺案，引發了對於「旁觀者效應」的思考：一個年輕的女人在回家的路上被謀殺了，在這個過程中很多人聽到了求救聲，甚至還有人在陽臺上看著她活活被捅死。但是在她死亡之前，竟然沒有一個人跑來救她，甚至沒有人及時給員警打電話，因為大家都以為那麼多人都看到了，肯定會有人去救她或者打電話了。慘劇之所以會發生，卻是因為大家的「責任分散」，一個人指望另一個人去做，

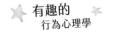
反而什麼都沒做成。

在人多的情況下，只有每個人都懷著高度的責任感，用心做好事，齊心協力地身體力行，才能將事情完成得完美，才能真正做到「人多力量大」。

 # 為什麼能力越低越自信

聽過這麼一個有趣的故事：以前有一個搶劫犯去搶劫銀行，但奇怪的是他沒有蒙面，也沒有偽裝自己，而是大搖大擺地進入銀行去搶劫。然而不到幾個小時，他就被員警緝拿歸案了。原來他以為在臉上塗檸檬汁，現場的監控就看不到他了，也就不能拍下他了。因為在兒童的遊戲中，塗檸檬汁就能夠隱形。這個愚蠢的搶劫犯戲劇化地告訴我們：不聰明的人反而更加自信。

「越低能越無知」，人在最沒能力的時候，往往表現出過度的自信。所以我們經常能夠看到，那些沒有能力的人總是喜歡吹噓自己、自命不凡，說自己只是沒有遇到伯樂；而真正的能者和菁英，從來不會誇耀自己的能力有多強大，只會謙遜低調地表示自己需要提高的地方還有很多。

達爾文發現，低能力的人比高能力的人更容易高估自己，從而產生自信錯覺。然而這種自信錯覺是大多數人都容易犯的錯誤。例如一項全美調查顯示，百分之七十一的男性

受訪者相信自己比常人聰明得多，百分之五十七的女性受訪者則認為自己的頭腦非同尋常的聰明。國際象棋評分系統的測試發現，只有百分之二十一的人認為分數代表自己的實際水準，百分之七十五的人認為自己被低估了。這種自我欣賞和肯定的心理錯覺不僅僅在能力上，還表現在外表的認定上。二十世紀八〇年代一項調查研究發現，百分之七十的人認為自己的外貌要強於他人。所以說無論何時何地，人們總是習慣性地高估自己的能力，心理學稱之為「自信錯覺」。

從心理學上看，這種自信錯覺大多數是發生在無意識的狀態之下的。他們從來沒有意識到自己能力很差，甚至低於常人的平均水準，反而會將自己的能力一遍又一遍地誇大，這不是自信，而是自大。

這也可以看出，能力與信心的發展是一個不平衡的過程，往往呈現的是負相關的關係。例如當人們開始學習一項新技能，還沒有熟練掌握、能力還比較低的時候，往往會「無知者無畏」，自信心爆棚，認為自己無所不能，但當自己的技術水準得到長足進步後，反而更加謙虛謹慎。因為他在實際工作中已經有了教訓，明白自己的能力和水準還遠遠不能解決所有的問題，自大只會影響自己的進步。

只有對自己現有的水準有足夠清醒的認識，才能將自信錯覺的干擾減到最小。真正的有識之士總是能夠清楚地看到自己的不足之處和應該改進的地方，並且發自內心地渴望改變自己，使自己變得更加優秀。

獎勵太多未必是好事

「從小到大，只要她考得好，就給她獎勵。考入公立高中後，我們獎勵給她心愛的韓國旅遊。但是開學後，她好像不怎麼熱愛學習了，期中考試成績一落千丈，都快要倒數了。」王先生對自己女兒曉月的變化很焦急，再怎麼獎勵，孩子也不為所動，不再用心學習了。很多家長喜歡通過物質獎勵來鼓勵孩子學習，電腦、蘋果手機，國內、國外旅遊等豐厚的獎勵屢見不鮮。但是這種獎勵效應，只能短時間內提高孩子的成績，實際上卻降低了孩子的學習興趣。

因為他們會認為自己努力學習就是為了獲得獎勵，而不是發自內心地喜歡學習。這種獎勵方法作為一種外力驅動，並不能夠真正激發孩子的學習熱情，反而使他們面臨一旦願望被滿足就放棄學習的潛在危險。因此家長一旦提供超過一定程度的獎勵，反而使孩子感覺不到滿足，從而得過且過，徹底不把學習當回事。

在心理學上，這種現象叫作「過度理由效應」，指的是有時外在動機，例如金錢或物質獎勵，會削弱一個人工作表現的內部動機。從心理學上的自我知覺理論上看，這種現象的出現是因為當外在動機出現時，人們會將注意力更多地放在外在動機的獎勵上，而減少甚至忽略了對活動本身的享受和對滿足感的關心。過度理由效應會使人們工作和努力的動

機，開始轉為外部的因素，從而削弱了本來存在的內部動機。

一九七三年，心理學家馬克·蘭博等人對這種現象進行了試驗驗證。他們將一群三至五歲的孩子分成三組，讓他們在一個有很多玩具的房間裡遊戲。其中第一組的孩子只要用氈頭筆劃畫，就會得到一條「做得好」的緞帶；第二組的孩子則會隨機地不定時地收到獎勵；第三組的孩子則無論做什麼都不給任何獎勵。之後，他們讓所有的孩子都進行自由遊戲，卻不再發給獎勵。最後的結果發現，之前每次畫畫都會得到獎勵的孩子，明顯比其他人使用氈頭筆劃畫的機率要小得多。所以過度的獎勵會損害人們活動的內部動機。

「強化原則」認為獎勵可以使人更加努力、上進，然而過度理由效應似乎卻顯示出這並不是完全正確的。這給了家長一個很好的啟示，一味的物質獎勵並不能夠真正帶動孩子好好學習。金錢等有形的獎勵，有可能會降低人們的自我決定感，削弱人們的內部動機。但是相對而言，無形的精神獎勵，例如褒揚，則會提升人們的自我決定感。

其實精神上的激勵更能讓人們得到認可和肯定，這樣能讓人們感覺自己很有能力，並且不會損壞人們的內在動機，反而能夠促進人們上進。比如口頭的表揚如「你很棒」、「你很聰明」、「你很有主見」等，可以從內在的角度讓孩子感覺自己做的是對的。因為得到了肯定和認可，孩子會覺得這樣做是有價值的，從而會慢慢樹立起學習的自我意識。

當然，外部的獎勵也有存在的必要，但是這個獎勵應該是不定時的，不能讓獎勵成為孩子意識之中必然存在的，否則當願望都達成的時候，孩子就沒有再進步的慾望了。如果缺乏自控力，孩子只會越獎勵越懶惰。

結婚越早，婚姻越牢固

現代社會雖然生活節奏變快了，但是結婚的年齡卻不斷地往後推遲。現在越來越多的年輕人更加傾向于晚結婚，認為晚結婚不僅能夠擁有較為穩定的經濟基礎（比如買了房和車），還能夠進一步培養感情，使兩個人在久經考驗的年月中，不斷加深對對方的瞭解，更加明確雙方的真實心意。所以他們認為在等待中一步步走入婚姻才是最可靠的方式。

然而大量的心理學研究發現，結婚越早，婚姻品質越高。研究表明，等待婚姻只對二十二歲以下的人有意義。因為早於二十二歲結婚，還遠遠不夠成熟，因此會導致婚姻成功率下降。但是二十二歲以後，大多數的年輕人已經擁有獨立的自我思考能力，擁有獨立自主的經濟能力，並且對自己的發展方向有了清晰的認識，可以說二十二歲以後的年輕人大多是成熟的，因此二十二歲之後的婚姻無須再等待。並且研究結果還顯示，三十歲以後結婚的人，他們婚姻的失敗率也在上升。所以並不是等待的時間越長，結果越好。

俗話說,「站得高看得遠」。隨著年齡的「高度」不斷增長,人們的婚姻視野也越來越開闊。年齡越大,結婚時考慮的現實因素越多,而感情因素卻越少。

而結婚越早,在婚姻裡更容易增加同甘共苦的感情。雖然剛開始建立家庭時比較辛苦,但是碰到困難時可以互相傾訴和幫助,一旦受到傷害,可以感受到另外一半的關心和保護;如果犯了錯誤,有另一半來提醒和開導……就這樣,兩個人可以一起進步,一起成熟,從思想和心理上說,兩個人是同步的,這些共同經歷的困難時光,會給兩個人留下共進退的美好回憶。而且結婚越早,雙方越能夠包容對方,關係也會更加融洽自然,婚姻生活也會更加自在。而兩個大齡青年在結婚後因為各自有自己的奮鬥經歷,不容易產生共鳴,也可能很難容忍對方長期以來養成的習慣。

對於一個男人來講,結婚越早,就越容易成熟。現在大多數年輕人心態比較浮躁,而結了婚的人會慢慢培養出責任感來,慢慢懂得付出和承擔,甚至會改掉以前改不掉的缺點和毛病。結了婚的男人知道要不斷完善自己,使自己逐漸變得踏實穩重起來,從而承擔起家庭責任來。

成熟的心態帶來的強烈責任心,會在事業上助自己一臂之力,所以早結婚的人將會擁有更多的機會。早結婚的人必須早早地承擔起家庭的責任,他們考慮的事情多了,目光也會放得更加遠大,也會更加上進、努力,會把工作看得很重,為了提高自身競爭力還會有意識地在工作之餘給自己充

電。而沒有結婚的人「一人吃飽全家不餓」，往往會在下班之後跟朋友吃喝玩樂，對將來完全沒有一個明確的打算和計畫。

　　所以說結婚早並不可怕。有時候在適當的時機早早地結婚，也不失為一件好事。因此如果覓得良人，擇日就嫁娶吧！

原來咒罵可以緩解疼痛

　　英國基爾大學的心理學研究院的心理學家理查‧史蒂文斯在陪伴妻子分娩時發現，他的妻子一邊用力地生產，一邊歇斯底里地喊出一連串的髒話，似乎這樣可以緩解她的痛苦。「我認為咒罵有助於人們應對疼痛，因為人不會無緣無故地就做這事。」為此，史蒂文斯專門做了一個實驗，來測試說粗話是否會讓人們更能忍受疼痛。

　　他和英國基爾大學心理學院研究人員找了六十四名志願者進行了一個很簡單的實驗：將志願者的手浸沒在冰水中，儘量堅持最長的時間。結果發現，如果志願者重複咒罵詞語，比重複普通詞語的能多堅持四十秒鐘，而他們認為對冰水的刺激帶來的痛苦感覺也會較小。因此我們發現，咒罵、說髒話可以有效緩解痛苦的情緒，幫助人們將苦悶不堪的情緒發洩出來。

我們從出生那一刻起，只要感到疼痛，就會本能地發出叫喊。不僅說粗話有助於我們抵禦疼痛，一些簡單的叫喊也能夠起到這樣的作用。

新加坡國立大學的研究者們發現，發出聲音有助於人類抵禦疼痛，即使一聲「哎喲」，也能夠降低疼痛感。他們也找了實驗者分別做了幾組單獨的試驗：在將手放入冰水中時，他們將分別自己說「哎喲」、聽自己說「哎喲」的錄音、聽別人說「哎喲」的錄音，看看最多能堅持多久。結果發現，當實驗者自己說「哎喲」時，他們平均能忍受三十秒的疼痛，而聽到別人說「哎喲」時，平均只能忍受二十三秒。

人類在進化的過程中，總是免不了遭遇兇猛動物的攻擊和傷害。一方面，有時候大喊大叫也是戰鬥的一種武器，於是人類的祖先有可能用大聲咒罵髒話來驚擾正在發起攻擊的動物，甚至嚇跑它們，這樣有利於人類祖先的逃跑。另一方面，這種咒罵的方式，可以使人心率增加，使人變得有攻擊性和戰鬥力，在集中精力攻擊時，人們往往忘記了攻擊中所受的傷痛。因此通過叫喊咒罵的方式發洩，可以抵禦動物的攻擊和減少疼痛感，有利於人類的生存和發展。

雖然說粗話可以緩解疼痛、發洩鬱悶的心情，但是它仍然是令人不恥的壞習慣。這樣的行為一方面很不文明，特別是容易帶壞小孩子；另一方面則很容易導致矛盾升級，給社會帶來不穩定因素。

偷個小懶更有利健康

我們大部分人每天早上起床後都會把被子疊得整整齊齊的，這無疑是個好習慣，因為這樣子顯得整齊不凌亂，能夠保持環境的乾淨和衛生。但是現在卻有科學家認為，早上一起來偷個小懶不疊被子，反而更加有利於身心健康。

因為亂七八糟的床鋪雖然顯得過於凌亂，但卻可以有效地限制被褥蟎蟲以及塵蟎的生長，從而有效地減少灰塵過敏和哮喘的發生。

科學家們的研究發現，即使是新被褥，蟎蟲和塵埃蟎蟲也至少有一千五百萬隻。我們看不見的這些蟎蟲隱藏在被子裡，悄悄食用人體自然脫落的皮屑，並分泌出使人體過敏的各種物質。那麼我們怎麼殺死它們呢？當然，拿被子出去曬曬太陽是最好不過的了，但是由於天氣和時間的限制，我們不可能天天都拿被子出去曬。

於是科學家們發現了一個既可以偷懶又可以殺死蟎蟲的好方法——起床後不要馬上疊被子，我們可以通過這種偷懶的方式來達到減少蟎蟲存活率的目的。蟎蟲生長需要被褥間的潮濕水分，人在一夜的睡眠中，由於呼吸作用和分佈全身的毛孔會排出多種氣體和汗液，而被子會吸收或吸附水分和氣體而受潮。如果起床後立即把被子疊好，被子中吸收或吸附的水分和氣體便無法散發，形成一個利於蟎蟲生長的環

境。因此正確的做法是：起床後隨手將被子翻個面，並且把門窗打開，讓被子中的水分、氣體自然散發。

當然，最好的方法是經常曬被子，因為陽光中有紫外線，可殺死細菌，又可將被褥中的水分曬乾。

雖然不疊被子只能偷個小懶，但是我們會發現，不時地偷個小懶能夠大大減輕工作的壓力。因為省了疊被子這個工作，能讓人們感覺少做了一件事情，心裡就不由得輕鬆一些，感覺每天的必要任務會減少一點，壓力當然就會因此減少了。看來，不疊被子的「壞習慣」不僅僅能夠帶來殺死蟎蟲的健康，還能夠減輕每天的心理負擔，使人變得輕鬆積極一些。

所以早上起床後請盡情地不疊被子吧！

 ## 問路有時是不可靠的

我們都有過在外地旅遊、行走的經歷。每次獨自到一個陌生的城市，都有可能碰到沒有地圖或者看不懂、找不到正確方向的時候，這時只有去問當地人。當然，肯定會找到那個熱情給你指路的人，但是很遺憾的是那個熱心人給你指的路卻是錯的，甚至有時候一直走一直問，然後繞了很多圈又回到了原地。這時你忍不住會懷疑，問路是不是可靠的？為什麼那些給我們指路的人說的都是錯的，甚至問了十幾二十

個人還是沒有找到目的地？

問路存在風險，我們得到的答案未必都是正確的。因為有時候指路的人告訴你往左走可能是指手的左邊，也可能是指店的左邊，如果參照物不一樣，就有可能相差十萬八千里了。所以有時候即使那個幫忙指路的人沒有指錯路，自己也有可能理解錯誤走錯方向。

再加上現在城市很大，很多人只知道大概的地方，對於具體的社區名字、大樓名字或者酒店名字也不可能全部知道。語言上的偏差也會給指路造成困難，有時候指路的人聽錯一個字或者說錯、說多一個字，就會使問路人迷茫。此外，指路人一般都是按照自己腦子裡面的地圖來指路的，會用上很多地名比如春熙路、走馬街等，問路人對這些地名一無所知，只好滿頭霧水地邊走邊問，這種疑惑和不解逐漸累積起來，就更加不容易找到要找的地方了。

而對於問路人來講，在陌生的地方從心理上對陌生人有一種不由自主的抗拒心理和懷疑心理，即使人家指出了路線，也會以自己熟悉的方式來找地方。但是最熟悉的方式有時候是不適用的，比如外來的人總是會迷失在重慶這座城市當中。因為重慶是山城，用許多高架橋連接著城市的交通，因此在重慶人的「地圖」意識裡，不分東南西北，只分上坡下坡、往上走和往下走，問路的人可能聽不懂什麼是往上走、什麼是往下走。

而且因為方言很多，對於當地人來說，當地方言是他們

經常使用的語言，尤其對於地名，他們更習慣使用方言說法。因此有可能誤解問路者所問的路，或者問路人聽不懂或者聽錯了指路人所說的地方，弄巧成拙，而導致了錯誤。

無論如何，那些熱情指路的人都是出於好心。對於我們來說，手中的地圖和手機裡的電子地圖也是走到目的地的武器。首次到陌生的地方應該提前做好準備工作，瞭解當地的風土人情，熟悉自己要去的地方附近的街道名稱，方便在問路的時候給指路人正確的資訊，對指路人提供的資訊也能夠很快明瞭於心，這樣才能讓我們很快找到要找的地方。

壓力可以造成記憶力的減退

人們往往會遇到這樣的情況，在考試的時候明明是一個非常簡單的問題，卻怎麼也回答不出來，尤其是在考試快要結束時。這就是壓力和緊張造成的記憶力的減退。

瑞士蘇黎世大學心理學家的一項研究結果表明，在考試、工作面試、法庭做證或者戰爭這些緊張的環境之下，人們很難回憶出那些牢牢記住的問題。

為此，瑞士蘇黎世大學的多明尼克・德・奎溫博士和他的同事們組織了三十六位成年人志願者來做記憶測試。六十個德語名詞分別出現在電腦螢幕上顯示四秒鐘，要求參加測試的人把所能記住的名詞盡可能多地寫下來。為了測試壓力

對人記憶的影響，其中一部分人服用一次可的松，這種藥品將會增加測試人的心理壓力；另外一部分則使用安慰劑，可以減輕壓力，保持情緒穩定不緊張。

測試結果顯示，服用可的松藥片的人所能記住的單詞數量明顯低於服用安慰劑的人。由此可見，壓力環境中產生的壓力將嚴重影響人的記憶。其實不僅是考試等特殊環境的壓力會對人們的記憶產生影響，在我們的生活中，如果長時間地承受各種沉重的壓力，也有可能使腦內產生某些化學變化，從而損害記憶力，使人失去理性，變得很麻木，並且反應遲鈍、動作笨拙。

從心理生理學上來看，這與人在感受到壓迫的時候，腦內產生的一種緊張激素——皮質醇有著密切關係。在日常生活中，當我們遭遇許多不同緊張刺激的時候，大腦中就會產生大量的皮質醇，並不斷地傳往全身。這種皮質醇能夠有效緩解和對抗所感受的壓力和緊張；然而皮質醇對大腦非常不利，過多的皮質醇不僅會干擾大腦內海馬細胞的信號，影響我們有意識地進行記憶，還會損害神經細胞，有可能引起中風和腦出血。這就是為什麼有時候情緒過於緊張，人們會出現腦出血死亡。

雖然壓力可以影響我們的記憶，但也不必對此放心不下。我們可以適當、適時地減輕壓力，紓緩我們的大腦，恢復我們的記憶。

 # 男人哭吧哭吧不是罪

俗話說「男兒有淚不輕彈」，然而實際上，我們會發現，近百分之九十的人哭後情緒都能得到很好的改善，只有不到百分之十的人哭後感覺更糟。哭，事實上也是人們宣洩情感的一種合理方式。有時候能哭出來就意味著已經把壓力、委屈、不甘等情緒發洩了出來，能夠讓自己重新面對生活中的種種刁難。

雖然近年來，網路和電腦大範圍地普及和推廣，人們能夠在互聯空間中構建自己的秘密世界，可以在這個秘密的空間中發洩自己的情緒、傾訴苦惱，能夠在網路世界中扮演任何角色，以另一種別人所不熟知的方式盡情地宣洩自己的心理壓力，可是「哭」仍然不失為一種發洩情緒的好方法。

心理學家的研究表明，哭泣這件看似「很不男人」的事，恰恰能夠為人們提供減壓、宣洩的安全閥門，眼淚一出來，彷彿壓力已經隨著「洪水」傾瀉而出。因此為了捍衛你的身心健康，即使你是男人也可以不必為了所謂的「男人形象」而強充硬漢，有時候可以唱著天王劉德華的「男人哭吧哭吧不是罪」，想哭就哭吧！

從生理學上看，哭泣確實有益健康。美國生物化學家佛瑞首先提出這個鮮明的理論。他通過實驗發現，人們因為悲傷、難過、委屈等流出來的眼淚，與平常受刺激如切洋蔥時

流出來的眼淚的化學成分不一樣，情緒化的眼淚中含有很多人體在壓力下釋放出的物質，比如止痛劑、內啡素、各種激素等。這些毒素可以在情緒低潮的時候，跟著眼淚排出去。從這個角度上看，哭能夠排除有害物體，有益於我們時刻保持身心健康。

紐約心理學家弗雷契教授認為哭泣能消除緊張。他認為不管什麼問題導致的情緒，積累下來後都會引起哭泣。比如壓力過大導致心理失衡，這時候哭泣會使你恢復平衡，使神經系統的緊張消除。但是受沮喪困擾的人通常都是哭不出來的。沮喪是過分壓抑負面情緒導致的一種具有傷害性的心理反應，因此不容易哭出來。

哭確實是一種很好的方式，比如當你感覺到悲傷、憤懣、委屈的時候，嘗試著讓眼淚流下來，痛痛快快地哭一場，遠遠比你向別人傾訴要方便得多。而且這種方式完全可以依靠自己一個人的力量來完成，既可以讓自己減減負，也不會給他人造成負能量和困擾。

來吧，選擇一個無人的地方，傾聽自己內心的聲音，慢慢地回憶那些悲傷的往事，不必壓抑自己的難過，放開自己，大聲哭出來，讓壓抑、壓力、痛苦隨著哭聲和眼淚釋放出來，靜靜感受那種哭泣之後的解脫和放鬆，然後以更昂揚的狀態投入新的征程。

生氣是無法逃避的情緒

　　沒有人想要生氣，但是我們總是忍不住會生氣。每次生氣時，心裡總會有個聲音在說，不要生氣，要息怒。於是人們總會忍著怒火，甚至在憤怒至極時，將憤怒的拳頭打在牆上、枕頭上、沙包上。

　　在我們的生活常識中，人們總是認為不要發怒，即使有了怒氣也應該儘量抑制，不要爆發出來。但是實際上將怒火發洩出來，遠遠比抑制憤怒更加有益健康。當我們感覺到憤怒時，呼吸心跳會急速加快，同時伴隨著腎上腺素的分泌，肌肉也開始緊張蓄力，這就是我們常說的「心口有氣」。如果能夠通過合理的方式將這口怒氣發洩出去的話，將有利於我們憤怒情緒的消除，反之則對身體和精神都極為不利。

　　在人際交往中，總是少不了摩擦，總有我們看不慣的東西，也總有引起我們憤怒的事物。這時我們需要以正確合理的方式將憤怒疏導出來，以免傷人傷己。

　　比如通過書寫或繪畫的方式來表達自己的憤怒。當人們通過描述、圖畫或者日記的方式表達憤怒時，強烈的怒氣往往會隨著自己的筆觸不斷地消減。由於畫畫和書寫有著鎮定人心的作用，這時候憤怒似乎在不斷淡去，自己的內心也會產生新的看法，開始思考為什麼自己會動怒動氣，甚至能夠站在對方的角度想問題，當明白了事情發生的起始經過，怒

氣自然而然就消失了。因此有時候往往你寫完了日誌，畫完了一幅畫，你的憤怒也就煙消雲散了。

同時，向善解人意的朋友傾訴也是一個好方法。通過傾訴，人的緊張心理可以趨於平靜，憤怒的情緒能夠得到化解。而且「當局者迷，旁觀者清」，朋友善意而又客觀的判斷，能夠幫助你分析原因、紓解怒氣，並可能使你產生共識。他們不會因為你的怒氣而鄙視你，或者指責、批評你，反而會理解你、寬容你，讓你主動發現自己產生怒氣的根源。

此外感覺到憤怒時，我們還可以通過運動來宣洩怒氣。比如到運動場上去打球、跑步、跳繩……通過大量的運動消耗內心憤怒的能量。你會發現在酣暢淋漓地踢完一場球或者跑上十幾二十圈後，心裡的憤怒已經消失得無影無蹤了，整個人也變得輕鬆起來。

合理的宣洩憤怒是有益的，因為這樣可以使自己的內心恢復平靜；平息了怒氣，避免了報復他人的想法，也有助於人們更好地進行人際交往。當然宣洩憤怒不應該使用語言暴力，比如對罵，更不能訴諸武力。再者酗酒、飆車、毀壞東西等，都是一些不正確的憤怒發洩方式，這樣的表達方式常常會給他人或自身帶來傷害。

山重水複時總會又柳暗花明

「把難題放在一邊，放上一段時間，就有可能得到令人滿意的答案」。很多時候我們在處理問題或者思考事情的時候會遇到瓶頸，無論怎麼做、怎麼想似乎都找不到合適的出路，走不出這條死胡同。然而當你把這件事情暫時放下，去做其他事情時，有可能就會突然靈光一閃，想到了適當的方法和正確的答案，從而使問題迎刃而解。在心理學上，這種現象被稱為「醞釀效應」。這裡有一個「醞釀效應」的經典故事，這個故事的主角便是發現浮力定律的阿基米德。

在古希臘，一位國王讓人做了一頂純金的王冠，但是多疑的他又懷疑工匠在王冠中掺了銀子，偷走了金子。可是這頂王冠與當初交給金匠的金子一樣重，誰也不知道金匠到底有沒有在裡面搗鬼，比如添加上更重的物體以使重量一樣。於是國王把這個難題交給了阿基米德，並且不許他破壞王冠的完整。阿基米德嘗試了很多方法，但都以失敗告終。有一天他去洗澡，發現水隨著自己進入澡盆而逐漸溢出，同時感覺身體被輕輕地托起。他恍然大悟，運用浮力原理順利解決了這個問題。

「山重水複疑無路，柳暗花明又一村。」心理學家認為，當我們放下解決不了的問題轉而去做其他的事情時，看似中斷了以前問題的研究，其實大腦在潛意識裡仍然創造性

地重新組合著那些儲存在記憶裡的相關資訊，當正巧打破原來不恰當的思路時，就產生了解決問題的方法。

美國化學家普拉特和貝克也有過這樣「柳暗花明」的經歷。普拉特和貝克曾經寫道：「擺脫了有關這個問題的一切思緒，快步走到街上，突然，在街上的一個地方——我至今還能指出這個地方——一個想法彷彿從天而降，來到腦中，其清晰明確猶如有一個聲音在大聲喊叫。」「我決心放下工作，放下有關工作的一切思想。第二天，我在做一件性質完全不同的事情時，好像電光一閃，突然在頭腦中出現了一個思想，這就是解決的辦法，……簡單到使我奇怪怎麼先前竟然沒有想到。」

當反覆探索一個問題的解決方案而毫無結果時，選擇把問題暫時擱置幾小時、幾天或幾個星期，往往有可能因為某種機遇和場景，使百思不得其解的問題一下子找到解決的辦法和答案。從心理上來說，醞釀一下之所以能夠解決難題，是因為有時候醞釀能夠克服我們的思維定式。我們在解決問題的初期，往往憑藉自身的經驗和知識進行思考，所以當思維不對、不能解決現有難題時，我們的內心是焦慮、緊張的，如果一直嘗試下去反而會陷入思維的死胡同走不出來。而暫時放下，改做其他事情，思維彷彿有了退路，慢慢地就會退出原來那個死胡同，打破原來不恰當的思路，消除不合適的知識框架，從而運用新的方法來解決問題。

所以如果你的面前有一個無法解決的難題，不妨先把它

放在一邊，去做做其他的事情，比如散步、聊天。可能就在你和朋友喝茶時、在交談中，你就會得到「踏破鐵鞋無覓處，得來全不費工夫」的答案。

3

CHAPTER

那些你可能忽略的
經濟學秘密

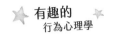

 # 經濟活動中的心理規律

在個體及群體的經濟活動中，普遍存在著可以窺探的心理現象和心理規律，比如超市和百貨商店所揣摩的行銷心理學、風雲般變幻莫測的股市投資心理學、企業家們的慈善心理學、消費者購買商品和服務的消費心理學……小到個人到樓下買一包口香糖，大到商家為吸引更多的消費者制訂行銷策略，甚至國家制訂公共政策和撥款投資計畫，這些林林總總的社會財富現象，都與心理學有著千絲萬縷的聯繫。

經濟學不僅僅只涉及貨幣、財富之類，還暗含著有跡可循的心理學選擇和決策。經濟心理是指在經濟刺激和經濟行為背景下，社會、文化和心理構成的財富觀念、公平觀念、風險的承受力、個人的效能感等等。比如金錢對於每個人的意義不同，有的人認為「有錢能使鬼推磨」，而有的人則「視金錢如糞土」，因此他們獲得金錢之後的心理感受也不同，有的人花得小心翼翼，有的人揮金如土。當損失金錢後，大多數人是痛苦大於快樂的，所以在這種心理下，有人抱著「破罐子破摔」的想法，更願意去冒險，想要通過冒險，重新獲取失去的金錢，賭博心理就是如此。

所以說在面對經濟問題時，有時候人們會被一些經濟學假象所迷惑，丟失了看透事物的理智，而僅僅憑直覺來主導自己的經濟行為。如從眾心理，看到排隊長的隊伍，人們會

覺得那麼多人排隊，那家的麵包應該會比較好吃。而這只是經濟心理學假象，有時候只是那家店員效率比較慢，而大多數人都在盲目地排著隊。

比如在股市上，當股市價格一跌再跌時，人們紛紛驚恐地拋售清倉，造成股市動盪和恐慌；而當股市形勢一片大好時，人們盲目地大量購入，趨之若鶩，忘記了股價已經遠遠超出其本身的價值。此時購入面臨著巨大的風險，所以當股價瞬間跌落時，他們往往措手不及，這就是為什麼股市經常會出現「買漲不買跌」的現象。

「君子居易以俟命，小人行險以僥倖」，君子對待錢財平心靜氣，安守本分地遵循客觀規律「以待天命」，不奢求迅速地大富大貴；而小人卻始終抱著僥倖的投資心理，冒險行事，妄圖獲得意外之財。所以對於財富和金錢，要像君子一樣踏實做事，而不要像小人那麼冒險莽撞。

 ## 「低價」其實是商家賣弄的小伎倆

在商場、超市，我們經常會看到許多標榜著「低價銷售」、「換季打折」的商品，「僅售 99 元」……這些「低價」的商品看上去很便宜，通常這樣的商品旁邊都會聚集著一群人在選購。殊不知，這不過是商家賣弄的小伎倆，而很多人都被迷惑了，反而在這些看似便宜的商品上花了更多的錢。

　　我們很容易被我們的眼睛所迷惑，比如分量完全相同的兩份菜，一個拿小碟子裝，一個拿大碟子裝，但是我們卻會覺得小碟子的分量更多，而大碟子的卻遠遠不足，因此更願意購買小碟子中的菜。在生活中，我們經常會做出錯誤的決策。在炎熱的夏天，我們會去肯德基或麥當勞買蛋捲冰淇淋，因為覺得它們的冰淇淋滿滿地堆在蛋捲外邊，看上去很多，非常值，而實際上我們兩三口就可以把它們消滅掉。

　　人們總是非常相信自己的眼睛，看到「低價」就覺得真的是低價了，聰明的商家就善於利用人們的這種心理，製造「看上去很便宜」的效果。仔細一想，沃爾瑪的「天天低價」，實際上還不如樓下的小商鋪便宜。

　　一年一度的十一月十一日已經不再只是年輕人愛過的「單身節」，而是已經成為電商們你爭我奪搶顧客的「雙十一消費節」。而細心的人們會發現，好幾個月前收藏的商品在雙十一那天並沒有如期望般地降了半價，只是稍微降價或者絲毫不變，甚至提升了價格。原來狡猾的電商在「雙十一」正式來臨前的一段時間裡，便將商品大幅度提價。然而在「雙十一」那天，電商們仍然大獲全勝，每一年的「雙十一」都創造了銷售的新紀錄。

　　商家們可謂深諳消費者愛占小便宜的心理，經常用價格錯覺來迷惑消費者。比如尾數定價法，從心理學角度分析，人們通常認為奇數比偶數小，因此消費者通常會覺得 39 離 30 更近，而不是離 40 更近，所以會覺得 39.9 元的東西比

41 元的東西要便宜很多,而實際上這只有 1.1 元的差距。所以在商場或市場上,很多商品的零售價格尾數通常為 9,這樣標價的東西能夠營造出一種便宜的錯覺,銷售會相對比較快。

因此作為消費者,面對商家的價格誘惑,我們更需要擦亮眼睛。「天上沒有掉下來的錢」、「物有所值」,有些低價的商品要嘛是已經過期,要嘛是即將過期,要嘛是有破損、不合格,過於低價的買賣有時候甚至是欺詐。

 ## 配套出售背後的秘密

在商場中,傢俱大多是配套出現的,比如飯桌配飯椅、沙發配抱枕、沙發配茶几、床配床墊、床配床頭櫃……步入宜家的客廳物品銷售區,在客廳展示體驗區會有醒目的字眼:「一個完整的客廳只需要一萬五千元。」整個客廳一一配置了沙發、機櫃、茶几、書櫃、書桌、折疊椅;到了臥室區,宜家通過配套出一個體驗式臥室來告訴你:「一個嶄新的臥室只需要一萬元。」如此低廉的配套價格,總是讓人覺得占了大便宜,於是消費者往往會心動。

這就是商家傢俱配套出售的秘密。通過不同傢俱的配套,讓消費者感到配套購買會以最低的價格獲得更大的優惠。除此之外,商家還總是以「驚喜回饋,多買一件就折

扣」、「買得越多，送得越多」等宣傳語來刺激消費者的購買慾望，如買 1000 送 200，滿 1000 減 200 等。

同時，傢俱的購買需要與家裝整體樣式、顏色保持一致，因此商家通常考慮到消費者懶得再次尋找搭配，往往會給出售的傢俱配套。然而這個配套是十分有技巧的。比如一個好的床架，往往配的床墊卻是不好的，這樣才可以使整套的價格降下來，使消費者感覺到實惠。有的消費者為了避免再次去尋找、購買與主要傢俱配套的家裝，出於省事的心理，就將就著購買了商家配套的相同系列的傢俱。

所以消費者是否真的是以最物美價廉的價格，購買到了自己心滿意足的商品，這是值得探究的。美國有位教授曾經做過這樣的一個實驗：有一家餐具店正在清倉大拍賣，有兩套餐具比較引人注意。其中一套餐具總共二十四件，分別有八個菜碟、八個湯碗和八個點心碟，而且每件都是完好無損的；另外一套餐具一共有四十件，其中二十四件與前一套正好相同，也是完好無損的，此外，這套餐具還有八個杯子和八個茶托，其中二個杯子和七個茶托是破損的。在人們都沒有拿這兩套餐具做比較之前，他們願意為第一套餐具支付三十三美元，卻只願意為第二套餐具支付二十四美元。

這樣的結果讓人覺得意外，但又覺得情有可原。雖然第二套餐具明顯比第一套多出了六個好的杯子和一個好的茶托，但人們在潛意識裡還是認為第一套餐具是完整的，因此願意支付的錢比較多；而第二套餐具因為有破損，是不完整

的一套，屬於殘次品，因此人們願意支付的錢比較少。其實人們支付給第一套的錢是不划算的。如果我們拆開來看，就會發現，事實上我們並沒有獲得多大的實惠，反而被商家蒙蔽。比如以次充好，將分散的商品重新組合在一起，把價格抬高一倍，再寫上打折處理大拍賣，反而一下子就把東西賣出去了。

「天價商品」，花錢買感覺

市面上的商品無奇不有，「天價商品」更是屢見不鮮。同樣一瓶水，一般純淨水最低僅售二十元，而來自美國田納西的大雲霧山的一瓶礦泉水竟然要四千元。賣這麼高價，自然是限量銷售，這瓶四千塊的礦泉水，不僅在瓶身上裝飾著施華洛世奇水晶的手工藝品，還在封瓶口的木塞中鑲嵌著施華洛世奇的水晶，如此與眾不同，自然十分昂貴。

天價的商品經常出現在奢侈品中，比如一個包包，也就幾塊布拼接縫合在一起，可是有的手提包只賣幾百塊錢，而有的卻可以賣幾千幾萬甚至幾百萬，比如 LV、Dior、愛馬仕等等大品牌。大品牌的衣服、精緻的化妝品也是如此。這天價的背後是什麼呢？到底是不是物有所值？為什麼會有人去消費這些天價商品？

首先要說的天價商品，就是所有奢侈品種類裡永遠最熱

門的包包。LV、GUCCI、CHANEL、BALENCIAGA等世界奢華名牌的手提包、眼鏡以及時裝為什麼會如此貴，原因很簡單，這些品牌獨特、限量，因此其稀缺、珍奇的特點標籤之下，富含了財富品味和身分地位的象徵。《慾望城市》裡有句台詞說：「當我擁有 Birkin 的那一天，就是我真正出人頭地的一刻。」Birkin 只是售價約五十萬塊的愛馬仕旗下的傳奇包包，可想而知那些天價包背後的更高的地位象徵了。

「使一個產品稀缺難求，你便可以賣出天價」，這是 GUCCI 的格言。事實上，這些天價商品的生產價格並不是太高，高的是他們的設計，高的是他們的「物以稀為貴」。大多的天價商品是限量的，高價位和稀有的供應量，使天價商品的「奢侈」分量加大，就像四千元的水，要搭配施華洛世奇的水晶才夠格。

對於消費者而言，最好的材質、最好的手工、最好的廣告、最好的店面這些都不是「天價商品」真正的意義所在，意義在於其背後的附加值和情感消費。這些天價商品提供給人們的不僅僅是滿足生理需求的物質利益，還有滿足心理需求的精神利益。

「花錢買感覺」，「天價商品」為富裕的消費群體提供了無可厚非的精神利益，讓消費者找到了感情的寄託、心靈的歸宿。所以說「天價商品」給人們帶來的不僅是高貴地位的象徵和不羈個性的表現形式，還從感覺上滿足了這些消費者排遣世俗煩惱的心理，從而使人得到一種情感上的補償。

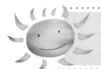

網路炫富，炫的是空虛

二十六歲華裔女孩 Dorothy Wang 在網上大膽炫富，持續走紅。她將繼承價值四十億美元、中國最大的零售商之一的一家公司。她住在「全世界最尊貴住宅區」——比佛利山莊，經常在網上曬奢侈品、頂尖美食、精品派對甚至私人飛機，一度在網上走紅。

不知何時開始，網上炫富的風氣已經蔚然成風。「朋友圈裡曬的都是土豪」，在網站、臉書、論壇、貼吧，每天曬出自己的名車、名包，似乎已經成為網路時尚，受到年輕人的追捧。當然這些炫富行為，大多集中在年輕的「富二代」、「炫富女」、「跑車男」等人身上，新聞也喜歡用「炫富」、「富二代」、「豪車」來吸引人們的目光。

在當今貧富差距如此之大的世界，明目張膽地炫富，只會帶來無數的謾罵和責難，每一次有人網上炫富，不論真假，都有成千上萬的人在後面炮轟，甚至肉搜、詆毀、抹黑。然而為什麼他們還是對炫富樂此不疲呢？

根據一項調查顯示，大多數人認為喜歡炫富主要是虛榮心在作怪，當然也有很多人認為他們是為了炒作，比如之前大陸的「郭美美」。炫富引來的眾多吸引力似乎正中了有些「炫富女」的下懷，用社會的謾罵來贏得更多的關注，她們就有可能會「紅」。她們往往通過這種現象背後的商業炒

作，利用人們獵奇、評判的心理來製造更多的話題，達到自己的炒作目的，提高自己的知名度。

然而炫富的人整天在網上鬥富，會使社會風氣越來越浮躁，給年輕人產生不好的示範效應，並且有可能會誘發大眾的仇富心理。從心理學上看，網路炫富其實是自卑心理在作怪，它源於心靈的空虛，是心理不成熟的表現。

網路炫富的人大多集中在二十五～三十五歲之間，他們不需要過多的努力就獲得富裕的生活和隨心所欲的物質條件，尤其是富二代，他們沒有固定的職業，無法通過工作的途徑來獲得滿足感和別人的關注。在現實生活中，他們生活在自己的小圈子裡，得不到別人的尊重，甚至有時候覺得自己是自卑的。

因此他們把這種需求擴散到虛無縹緲的網路中，通過在網上曬自己的車子、房子、衣服等來獲得點擊率帶來的快感和滿足感。從心理學上看，他們想通過炫富來獲得生活中所缺少的尊重，甚至試圖在攀比的過程中獲得一種心理的滿足感和認同感。其實透過現象看本質，網路炫富者，炫的並不是財富，而是自己深藏在心的孤獨，是那份想要獲得人們尊重和認可的渴望。

金錢不是區分人與人階層的標誌，我們不僅僅要做物質上的真正巨富者，而且要做精神上的富人，那才是真正的偉人。

作為網路觀眾，我們也應該正確對待炫富行為。對於這

種明顯心理不成熟的網路炫富，大可不必過度關注，要以平常心對待。金錢是必需的，但是不能以金錢來劃分人，單單擁有金錢的人是空虛的，所以他們才會炫富。我們需要做的應該是精神上的富足，而不僅僅是財富上的富裕。

股票，玩的就是心跳

股票市場可以隨時上漲或下跌，「玩股票玩的就是心跳」。股民需要練就這樣的心理素質：越是面對驚險變幻的情況，心跳越要保持平穩。這樣的強抗壓力和穩定的心理素質，能使人在其他股民慌亂時，認清投資的方向，獲得大滿貫的先機。比如很多股票到達了低位，跌無可跌，有了買入或補倉的機會，將現金投入，等待反彈的良好時機再出手；在滿倉時，能夠理性對待，不是一味加持，而是等候最佳時機，進行拋售減倉，合理地控制住現金回收。

大多數人沒有足夠聰明的長遠眼光發現合適的購買時機，在價值低谷的時候迅速買入，也沒有足夠的耐心去等待，而往往容易急躁，患得患失。有的人看不清一直變幻的形勢，等到自己手中的股票跌了四、五成時，才意識到要趕緊拋售，卻又在想會不會回升，結果卻在等待和彷徨中錯過了良好的時機，得不償失。

所以在股市中最重要的是要把持自己、戰勝自己。對於

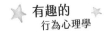
有實力的投資者來說，熊市也可以成為價值投資者的春天。經營股票，想贏就要有不怕輸的心理素質，要有從熊市堅持到牛市的堅韌和頑強。

在交易市場，人云亦云。有的股民看到在好的市場形勢下別人說「短線看空」，就有可能瞬間慌了神，馬上跟著別人走，一股腦全部賣清，而全然沒有自己的想法和思路；經常會出現高價買入，低價賣出的現象，虧損無數。沒有自己的獨立意識，炒股是炒不好的。成功的交易者大都有著一套獨特的交易方式，不會人云亦云，而是完全跟著自己的思路獨立交易。

「想贏不怕輸」說的就是這種堅定的心理。不受別人擾亂，不要在盈利的時候自信爆棚，被勝利沖昏了頭腦；也不要在虧損的時候氣餒、沉迷，左顧右盼。優秀的股民，會適當地調整自己的心態，沉著地尋找機會，抓住行情大幅拉升或下跌的機會，搶先下手。

想贏怕輸的投資心理，會使人畏畏縮縮，只會產生贏時贏得少、輸時輸得多的結果。

牛市與熊市，僅僅一步之遙

在二〇一五年，大陸的股民如同乘坐雲霄飛車一般，在驚悚中惶恐地度過了不太平的半年。股民們開始明白，在風

雲變幻的股市中，牛市到熊市僅僅一步之遙，「熊市裡賺的錢牛市裡全賠光了」「漲了漲了，漲停了」「跌了跌了，全部都跌停了」。二〇一五年的大陸股市，只剩下股民們飄忽不定的辛酸。

牛市和熊市，是經常出現在股票市場的兩個詞。牛市，是指股票市場上買入者多於賣出者，股市行情看漲。當股份企業盈利開始增多，而且經濟形勢較好，發展趨勢良好，且處於繁榮時期；再加上銀行鼓勵資金流入市場，利率下降；同時出現了新興產業且沒有通貨膨脹；人們手上有富餘的錢財可以用來投資，這時候人們往往會選擇把錢投入股市。因此股市價格會逐漸上漲，牛市出現。

熊市與牛市相反。熊市是人們不樂意看到的，這時股票市場上賣出者多於買入者，股市行情看跌。當股份企業盈利狀況不好時，或者經濟發展形勢不好，都會引起人們對股市的畏懼和恐慌，人們紛紛囤積錢財，自然流入股市的錢就大大減少，導致股市價格下跌。在股市的世界裡，牛市和熊市是瞬息萬變的，往往讓人措手不及。有的股民從之前滿倉踏空轉為滿倉跌停套牢，從不賺錢變為虧錢；有的股民瞄準時機，從滿倉套牢到清倉賺滿，大獲牛市之利。然而，股市風雲變幻莫測，死抱、頻換和追高都是股民們牛市虧損的主要原因。「大盤快衝上一萬點了，我的股還躺在八千點。」買入的成本很高，卻遭到價格下跌，一路狂跌到成本價以下。股市冰火兩重天的現象越來越明顯，明明股市指數在上漲，

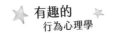
可是股民的帳戶浮盈卻在縮水。

很多股民進入股市，卻看不懂行情，不會理性選股，所以單純跟著熱門板塊走。物極必反，月滿盈虧，追高買進去的股民是不理智的，所以當股價大幅下跌時，一下子就從牛市進入熊市，那些在早盤接近漲停的位置買入的，一般都會虧損。

有些股民方向判斷正確，在牛市時卻十分惶然，擔心市場方向會扭轉，早早收場離去，賺得很少；而有的判斷錯誤，造成虧損時又心慌意亂，不知所措，不夠果決，不捨得拋售離場，結果陷入股市泥潭，無法自拔，損失越來越大。

在股市中，猶豫不決、缺少市場遠見和敏銳判斷力，都很容易使自己陷入熊市的漩渦。股市有風險，投資需謹慎。

拍掌喊口號，激發銷售熱情

在商場選衣服或者連鎖店選擇飾品的時候，經常會聽到領頭的店員先拍掌喊一句口號，剩餘的店員也會跟著一起拍掌喊著口號。雖然有時候聽不清楚他們在說什麼，但是還是能夠體會到那種為之一振的精神。

在大型賣場更能夠經常看到這種拍掌喊口號的方式，這既是鼓勵銷售人員的方式，也是通過喊口號讓消費者看到店面的服務精神的方式，更是讓消費者通過口號瞭解產品品牌

的方式。因為銷售人員所喊的口號，大多是根據品牌來命名的。

　　適當的口號，能讓時而忙碌時而悠閒的賣場顯得有秩序、有活力。拍掌喊口號的方式，可以讓銷售人員在一整天的工作中減少疲勞感，提高銷售工作的熱情、激情和積極性。因為銷售是個壓力十分大的行業，喊一定的口號可以緩解壓力，還具有提神醒腦的效果。

　　這種拍手喊口號的活動方式對銷售很有幫助。在銷售隊伍中，往往喊口號最響亮的銷售人員業績最好，他們能夠完成規定任務量的百分之九十五以上，而有些人只能完成規定任務量的五成。當然在口號的影響和帶動下，這五成的人也會被氛圍所感染，自然而然地也會激勵自己付出更多的努力，朝著未完成的業績而不斷奮鬥。

　　從心理學上看，內向的銷售人員更需要這種集體的拍手喊口號方式，來消除內心的羞澀感和緊張感。這是幫助他們突破自己第一道坎的有力武器。作為銷售人員，要在陌生人面前表現自己，就必須克服害羞不敢說話的缺點，必須擁有能扛得住任何審視眼光並泰然處之的心理素質。而拍拍手、喊喊口號，更容易帶領銷售新手入門，通過這種方式可以慢慢鍛鍊出他們不再害怕表達、樂於溝通的能力。

　　同時在銷售的過程中，銷售人員每天都在面臨不斷的拒絕，所以這種為自己鼓掌為自己喊口號加油的自我激勵方式，對於提高銷售人員的自信心也是十分必要的。銷售是團

隊作戰，一起拍手喊口號的集體行為，能夠給銷售人員帶來團隊歸屬感，這麼多人一起努力，也能讓銷售人員不那麼氣餒。因此不僅在銷售賣場有這樣的拍手喊口號活動，在餐館、美容院這樣員工較為聚集的場所，也經常用這種方式來提高員工的積極性，端正他們的工作態度，提高他們為消費者服務的工作熱情。

當然，拍掌喊口號的度也是需要把握的，過多不僅會使消費者覺得吵鬧、心煩，也會讓銷售人員覺得勞累。

 ## 從企業家到慈善家

在生活中我們看到許多大企業家對慈善事業十分熱衷，與政府聯合開設了許多捐贈機構和公益基金，搖身一變成了慈善家。比如比爾·蓋茲呼籲美國企業家捐助一半家產給慈善事業。俗話說「無商不奸」，作為企業家的慈善家們果真如此大公無私、善意十足嗎？他們的菩薩心腸源自哪裡呢？

不可否認，有的人確實是因為「窮則獨善其身、達則兼濟天下」的信念支撐著而走向慈善的，並以慈善為樂。但是也有人是因名利的需要而進行慈善捐助的，甚至有的人是以一種贖罪的心態來做慈善的。很多人仍抱有「善有善報惡有惡報」的傳統思想，認為做善事就是積德行善。同時，心理學上認為做善事者雖然在物質上失去了金錢，但是卻獲得了

精神上的快樂。

心理學研究發現，就一個個體而言，金錢與快樂之間存在一定的關係，但這種關係不是一種線性的關係，而類似於一種拋物線。在個體賺錢開始的階段，金錢改善了生活環境，提高了生活品質，這時金錢是能給人帶來歡樂的。但是隨著金錢的增多，物質生活極豐富的個體不再能感覺到金錢累積所帶來的快樂，這時花錢不會給人帶來快樂。因此對於那些企業家而言，到金錢不是問題的階段，金錢已經很難給自己帶來快樂了。所以他們往往花錢做慈善，將自己的金錢送給別人花，以這種方式給自己帶來快樂。從這一層面上看，對於那些從追求金錢到追求幸福的企業家而言，從企業家到慈善家是他們最終的宿命。

不管是出於什麼樣的心理和目的，不管慈善家的菩薩心腸源於哪裡，慈善家的善行在社會造成的影響是十分巨大的。慈善家一方面通過自己的努力，讓企業為社會創造價值；另一方面通過提供金錢為社會排憂解難，這樣的舉動毫無疑問是有益無害的，是值得我們肯定的。九二一大地震中，許多有能力的企業家出錢出力，為災區人民無私地捐贈數以萬計的物資，如礦泉水、飲料、帳篷等。除此之外，他們在災後也提供了大量資金讓災民們重建家園。

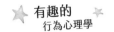
 # 飯局上搶著埋單買到了什麼

　　飯桌文化是典型的中華傳統文化之一。很多事情都是在飯局上辦好的，甚至很多友誼都是在飯局上建立起來的。一頓飯吃開心了、吃舒服了，對誰都好。所以當一個合作談不下去時，就會建議擱置爭議、暫停協商，先去用餐。而往往大家吃個飯回來，事情就都好辦了。輕鬆的吃飯氛圍能夠有效緩解矛盾，拉近彼此的距離，增進交流和促進相互瞭解。

　　因此在一般的飯局中，規矩很多，比如埋單。餐廳的服務生早已對搶著埋單的行為司空見慣──每次吃喝盡興後，總會有好幾個人同時喊著要埋單，甚至有時候為了埋單還鬧翻臉。當然也有人趁著上廁所的時候，或者在吃飯的中途找藉口出去，悄悄提前把飯局的單給買了，大家言笑盡歡。

　　這些喜歡在飯局上搶著埋單的人，一類是家底殷實、真正不在乎錢財的人。他們大多性格爽快，與朋友交往的方式，總是帶有點「花錢買朋友」的感覺，跟朋友之間的聚會、活動等大都是他們主動掏錢埋單。這樣的人用豪爽和仗義為自己贏來了友誼，為自己事業的發展帶來廣闊的人脈。

　　而另外一類人則抱著自己埋單，讓別人欠人情的心態。「吃人嘴短，拿人手軟」，這類搶著埋單的人利用飯局效應向別人略施小惠，贏得他人的好感和信任。現代心理學研究表明，情感是一種雙向交流的心理現象，有所給予才會有所

獲得。在飯局上搶著埋單的人正是充分運用了這種情感交流機會，他們慢慢積累別人的好感，為自己儲備人情，試圖在有需要的時候能夠獲得他人的幫助。

隨著社會節奏的加快，人們沒有閒暇時間談戀愛，相親已經成為男女雙方認識和交流的一種方式。長期以來男方埋單天經地義，而如今，在相親中也越來越多的女性自覺掏腰包，不願意給對方造成一種女生愛佔便宜的感覺。有一次盧小姐與一位高富帥相親約會，盧小姐由於受不了對方駕豪車請她吃法式大餐時的盛氣淩人和大男人主義，自己搶先結帳後揚長而去。你看，經濟的獨立和人格的自尊有時候也會讓人「揭竿而起」，搶著埋單。如果在相親或約會的時候遇到女性主動搶著埋單，千萬不要覺得自己丟臉，反過來看這也是對女性的一種尊重。

4
CHAPTER

職場上的
心理角逐

我用「溫心」換取你的「忠心」

　　三國中劉備素以仁義為名，深得眾多將士的愛戴和擁護。熟悉《三國演義》的朋友應該都會記得劉備摔阿斗的故事。

　　長阪坡之戰時，曹操的軍隊來勢兇猛，劉備的軍隊陷入重重包圍。驍將趙雲為了保護好劉備一家老小，拼死衝殺，七進七出，最終救出了包圍圈內的劉備之子阿斗。可是當趙雲將阿斗呈給劉備時，劉備卻將阿斗丟擲在地上，生氣地罵道：「都怪這個小子，幾乎要害死我的一員大將！」趙雲聽了十分感動，連忙抱起阿斗，向劉備表示願意肝腦塗地來報答劉備的愛將之心。

　　劉備真的捨得摔阿斗嗎？愛子如命的劉備未必如此。不管是不是出自真心，劉備通過摔阿斗，不但收買了趙雲誓死追隨主公的心，還讓在座的文武將士看到他愛護將士的真心，對統一軍心十分有利。劉備沒有強大的作戰能力，但他卻是一個十分優秀的領導者，因為他懂得情感投資。

　　「將我所有的工廠、設備、市場、資金全部奪去，但只要留住我的組織人員，四年之後，我仍然是一個鋼鐵大王。」美國鋼鐵大王卡內基如此說道。人才是企業家格外重視的，人才是一個企業發展的源泉和動力。現代市場競爭亦如古之兵戰，企業家們深諳「用材之道」，他們慣用的一個

方式便是如劉備般的情感投資。

　　管理心理學研究表明：溫馨友愛、和諧歡樂的集體環境，會使人更加愉悅、興奮和上進，也更容易使人看到生活的美好，懂得相互尊重、理解和容忍；反之，則容易使人迷茫、悲觀和消極，甚至會出現反叛的情緒。

　　因此現代企業管理者，應該明白對於下屬和職工的情感投資是十分必要的。這也是領導者喜歡以心換心、跟下屬聊天、關心下屬生活的原因所在。領導者希望在現實經濟生活中，員工能夠切實感受到企業的魅力和人情味，這樣才能調動員工的積極性，穩住人才。農民出身企業家陳華瑞總是以農民的利益和困難作為出發點，「新員工必談，受表彰或處分員工必談，工作調動員工必談」「員工生病住院必訪，天災人禍必訪，生活困難必訪，思想波動必訪」。陳華瑞堅持用「三必談」、「四必訪」來為員工營造家的溫暖，而員工們也始終感念陳華瑞的用心和貼心，和他一起把公司管理好。

　　情感投資是企業家投資的一部分，他們用睿智的眼光看到了人心向背的深層道理，懂得用「心」去換來一顆忠誠的心，從而減少了公司優秀人才的流動和損失。

「鯰魚效應」，企業管理的秘密絕招

什麼是「鯰魚效應」？

挪威人喜歡吃沙丁魚，尤其是活沙丁魚，因此市場上活沙丁魚的價格要比死魚高許多。所以漁民總是千方百計地想辦法讓沙丁魚活著回到漁港。雖然經過種種努力，絕大部分沙丁魚還是在中途因窒息而死亡。但有一條漁船總是能讓大部分沙丁魚活著回到漁港，船長嚴格地保守著秘密。直到船長去世，謎底才揭開。原來船長在裝滿沙丁魚的魚槽裡，放進了一條以魚為主要食物的鯰魚。鯰魚進入魚槽後，由於環境陌生，便四處游動。沙丁魚見了鯰魚十分緊張，四處躲避，加速游動。這樣一來，一條條沙丁魚活蹦亂跳地回到了漁港。這就是著名的「鯰魚效應」。

對於「漁夫」來說，恰恰利用了「鯰魚效用」的激勵作用。漁夫採用鯰魚來作為激勵手段，促使沙丁魚不斷游動，以保證沙丁魚活著，從而獲得了最大利益。在企業管理中，管理者就是「漁夫」，管理者要實現管理的目標，同樣需要引入鯰魚型人才，以此來改變企業一潭死水的狀況。

對於「沙丁魚」來說，在於缺乏憂患意識。沙丁魚型員工的憂患意識太少，一味地想追求穩定，但現實的生存狀況根本不允許沙丁魚有片刻的安寧。「沙丁魚」如果不想窒息而亡，就必須活躍起來，積極尋找新的出路。

　　「鯰魚效應」是企業管理的一個必使絕招。一成不變的企業人才和企業環境往往缺乏活力，不利於企業的發展和進步。明智的企業管理者深知事物是變化發展的，只有改變，才可以激發企業的活力，激發企業員工的積極性和創造性。為企業的員工添加強勁的競爭對手，使他們爭奪有限的職位和工作，能夠最大限度地激發員工的鬥志，使員工充滿戰鬥力，精神飽滿地對待工作和公司。

　　對於員工來講，「鯰魚效應」給他們帶來極大的危機意識，對他們自身發展也是有利無害的。一個好的榜樣或者競爭對手，能夠使自己充分意識到自身存在的缺陷和弱點，雖說「人無完人，金無足赤」，但是不斷地完善自己，使自己的能力和水準不斷提高，也是實現個人人生價值和目標的意義所在。因此當面對鯰魚型優秀人才時，作為公司的一員，應該保持著一顆歡迎和學習的熱忱之心，向優秀的人學習、取經，讓危機意識不斷激發自己的潛力和活力，努力使自己變得更強大。

「馬太效應」是積極還是消極

　　《聖經》中「馬太福音」第二十五章有這麼幾句話：「凡有的，還要加給他叫他多餘；沒有的，連他所有的也要奪過來。」

　　「馬太效應」一詞來自於聖經《新約‧馬太福音》中的一則寓言：

　　一個主人在遠行前，叫來了他的僕人們，把他的全部家業交給他們管理，並按照各人不同的才幹，分給他們不同分量的銀子。其中一個奴僕領了五千，一個奴僕領了兩千，一個奴僕領了一千。那領了五千的奴僕隨即拿去做買賣，另外賺了五千。那領了兩千的奴僕，也照樣另外賺了兩千。但那領了一千的奴僕，卻掘開土地，把主人的銀子埋藏了。過了許久，主人回來了，然後找他們過來算帳。領了五千銀子的奴僕，帶著另外賺了的五千銀子過來，告訴主人說：「主人，你看，你交給我五千銀子，我利用這五千銀子又賺了五千。」主人說：「很好，你是一個又善良又忠心的僕人。你在這種小事上都很忠心，那我以後會把更多的事務交給你來管理。這樣子你可以享受一下做主人的快樂了。」那領了兩千的奴僕過來說：「主人，你看，你交給我兩千銀子，我用這兩千銀子又賺了兩千。」主人說：「很好，你是一個又善良又忠心的僕人。你在這種小事上都很忠心，那我會把更多的事務交給你來管理。這樣你也可以享受一下做主人的快樂了。」最後，那領了一千的奴僕，也過來說：「主人啊，我知道你是個沒有多少錢的人，沒有莊稼可以收割，也沒有借出去的帳目可以去收斂錢財。所以我就害怕，於是就把你給的一千銀子埋藏在地裡。請看，你的原銀還在這裡。」主人回答說：「你這又蠢又懶的僕人，你既然知道我沒有莊稼可

以收割，沒有帳目錢財可以聚斂，就應當把我的銀子放給兌換銀錢的人，等到我回來的時候，就可以連本帶利收回。」於是主人奪過第三個奴僕的一千兩銀子，交給了那個目前已經有一萬兩銀子的奴僕管理了。

這就是著名的「馬太效應」，指的是強者越強、弱者越弱的贏家通吃的自然現象。這與適者生存的自然競爭法則是一脈相承的，弱者越來越弱，逐漸就失去了競爭的能力，最終會被淘汰。馬太效應揭示了一個不斷增長個人和企業資源的需求原理，也是影響企業發展和個人成功的一個重要法則。

社會心理學家認為，「馬太效應」是個既有消極作用又有積極作用的社會心理現象。積極作用是鼓勵人們越來越努力地去不斷提升自己，一個人只要努力，讓自己不斷地變得更加強大，那麼就會越來越強，而不至於被公司和社會淘汰；消極作用是指「馬太效應」成為大多數不具有毅力的人逃避現實、拒絕努力的一個很好的藉口，使他們過早地承認了自己的不足。

在職場中，「馬太效應」同樣存在。一個高端的人才往往更加努力，積累得也更多，也就更加能夠獲得成功和進步，產生一種積累優勢；而對於沒有天賦的人來講，只要態度端正，不斷努力，也能夠獲得積累優勢，取得成功；而懶惰且不思進取的人，則最終要被職場淘汰。

打造出自己真實的「名片」

在職場交往中，少不了「名片」。然而這裡要說的「名片」，並不是紙質的名片。

「名片效應」指的是要在很短的時間內，使對方傾聽並接受你的觀點、態度，要讓對方對你產生認可，那麼你就要站在對方的角度，瞭解對方的經歷，把對方與自己視為一體。比如在交往之初，向對方傳達一些他們能接受或者熟悉的觀點或思想，如果對方喜歡籃球並且打得很好，可以以籃球比賽或者球星作為切入點，然後將自己的觀點和思想慢慢、悄悄地滲透進去，使對方產生一種印象，似乎我們有共鳴，我們有相近的思想觀點，我們是互相瞭解的，從而很快縮小與你的心理距離，更願和你接近，進而結成良好的人際關係。這就是所謂的名片效應。

在職場中，這種討巧的方式屢試不爽。曾經有一位求職青年，應聘了幾家單位都被拒之門外，他感到十分沮喪。走投無路的他，只好抱著最後的一線希望到一家公司應聘。在此之前，他受到一位老人的啟迪，謹記要站在對方的角度想問題，找到打動對方的點。於是他花了很多功夫去打聽那個公司老闆的人生經歷。功夫不負有心人，他竟然意外地發現這個公司老闆以前也有與自己相似的經歷。於是他如獲珍寶，在應聘時與老闆暢談自己這段時間坎坷的求職經歷，並

且感歎自己懷才不遇，沒有地方可以發揮自己的才華，實現自己的人生價值。果然，他這一番肺腑之言讓老闆想到自己以前的困難時光，他博得了老闆的賞識和同情，老闆最終錄用了他。

在進行人際交往時，如果想要建立良好的人際關係，「名片效應」不失為一種好的辦法，可以事半功倍。比如先在交際過程中談論一些對方感興趣的話題和事物，引起對方的注意，再慢慢引導話題的開展。如果一開始就表示不能理解對方，那麼有可能會讓對方感覺你與他沒有什麼共同話題，你們之間似乎也沒有繼續交往和交流下去的必要，那麼交往效果將會大打折扣，甚至交往可能會不了了之。

但是在交往中只是一味地依附他人的觀點，是遠遠不夠的，這會給人一種阿諛奉承的小人感覺。因此當你逐漸掌握交際節奏後，可以適當地尋找時機，恰到好處地向對方出示自己的真實「名片」，這樣會更容易獲得人們的真心和認可，從而達到和諧處理人際關係的目的。

星期三，讓人又愛又恨的日子

對大多數人來說，星期一是回到工作崗位的第一天，但多數人其實並不恨這一天。一項國外的最新研究顯示，星期一可能是一週中最令人放鬆的一天，而星期三卻是職場白領

們最害怕的一天。從心理角度分析，我們通常把星期一當作一週的開始，往往從這一天開始，我們就需要從一個繁忙或休閒的週末中恢復一週的體力，並積極制訂一週的工作計畫，所以這一天人們往往是充滿激情和鬥志的。這麼看來，「星期一抑鬱症」好像已不存在。

而星期三處於一週中最中間的一天，職場白領們在這一天往往精力和能量已經明顯下降，但是距離週末還有兩天，似乎離悠閒的休息日還遙遙無期，而星期一和星期二堆積下來的工作還需要處理，因此這一天是人們最有心無力的一天。而星期三也是人們最想發洩購物慾的一天。網上購物商城研究資料顯示，一週七天中，星期三是最容易衝動進行網上購物的一天，相反星期六卻是網購最理智的一天。當網民在購物網站看到一件有意思的產品，如果這天是星期三，那他經受不住誘惑下單的可能性會比週六高出近六成。此種現象被稱作「星期三網購癮」。

有趣的是根據調查發現，百分之七十的女性堅持認為星期一不是最糟糕的一天，她們最不喜歡星期三。因為她們的能量水準在星期三這個工作日下降，同時感到家庭和辦公室內還有許多工作沒有完成。心理學家霍尼·蘭吉卡斯特·詹姆斯表示：「在一週的中間感到情緒下降是十分普遍的。這個時候女人常常開始覺得要做的事太多，希望一週趕快過去。因為她們意識到沒有取得預期成績，一週開始時的高昂情緒和樂觀精神到星期三開始減弱。這使女人感到毫無生

氣。」

相比之下，女人覺得星期一是放鬆和精心裝扮自己的完美一天。約六成的女人期待著星期一晚上的到來，因為這時她們可真正放鬆，這也是女人在探望家人和朋友、做家務事以及參加社會活動的忙碌週末後，唯一擁有的完全屬於自己的時間。

然而也有科學家發現，儘管星期三是人們最疲憊的一天，但卻是最適合尋找愛情和要求加薪的一天。經過調查發現，在八千名單身者中有百分之四十的人表示，這天是第一次約會最理想的日子。如果一切順利，在星期五下一次約會之前，你還有一整天的準備時間。如果不順利的話，你還可以安排週末去見見朋友，而不用一個人顧影自憐。同時這一天你向老闆要求加薪也比較適合，很有可能如願。對超過一千五百名的英國高層的調查顯示，老闆們在星期三接受加薪要求的可能性最大。星期一，他們得忙著準備這一週的計畫和處理週末收到的郵件；而星期四和星期五，他們正在考慮週末的安排而最可能拒絕你的要求。

星期三，真是讓人又愛又恨呀！

# 辦公室內的「情緒傳染」

職場中有各色各樣的人，大家在交流時往往很容易產生

情緒效應。「情緒效應」是指一個人的情緒狀態可以影響到對某一個人今後的評價。尤其是在第一印象形成過程中，主體的情緒狀態更具有十分重要的作用，第一次接觸時主體的喜怒哀樂，對於雙方關係的建立或是對於對方的評價，可以產生不可思議的差異。與此同時，交往雙方可以產生「情緒傳染」的心理效果。艱澀的理論描述讓人迷惑，下面用一則口耳相傳的小故事來表述它的含義：

一天早晨，有一位智者看到死神向一座城市走去，於是上前問道：「你要去做什麼？」

死神回答說：「我要到前方那個城市裡去帶走一百個人。」

那個智者說：「這太可怕了！」

死神說：「但這就是我的工作，我必須這麼做。」

這個智者告別死神，並搶在它前面跑到那座城市裡，提醒所遇到的每一個人：請大家小心，死神即將來帶走一百個人。

第二天早上，智者在城外又遇到了死神，他帶著不滿的口氣問道：「昨天你告訴我你要從這兒帶走一百個人，可是為什麼有一千個人死了？」

死神看了看智者，平靜地回答說：「我從來不超量工作，就像昨天告訴你的那樣，只帶走了一百個人。可是恐懼和焦慮帶走了其他人。」

恐懼和焦慮可以起到和死神一樣的作用，這就是情緒效

應。美國密西根大學心理學教授詹姆斯‧科因的研究證明，只要二十分鐘，一個人就可以受到他人低落情緒的傳染而情緒沮喪起來，這種傳染過程是在不知不覺中完成的。在社會交往中，個人情緒對他人情緒有著非常大的傳染作用。

在辦公室中，不良的情緒更加容易傳染。當群體中有一個人產生了懶惰情緒，那麼會讓其他人也產生慵懶、想放棄的情緒。而且工作壓力大的人，可能把積壓在心中的怨氣向其他人傾瀉，把這種消極的、不好的情緒轉嫁給他人。我們經常會看到醫院裡的護士莫名其妙地向病人發火，而本無過錯的孩子會平白無故地遭到父母的數落甚至打罵。這種消極的、火藥味很濃的情緒是會傳染的，它會給周圍人帶來連鎖反應。這種憤怒情緒會在企業內部形成「內循環」，污染周圍的人文環境。

在企業的經營管理中，壓力傳染的危害同樣不容忽視。企業的各級管理者感受到壓力之後，往往不自覺地把自己內心的壓力傳染給被管理者，使他們也感染上壓力。這就是領導者總是習慣呵斥、指責下屬，而受到責備的下屬往往會對上級領導者心生怨恨，不肯通力合作的原因。如此一來管理者與被管理者之間的壓力相互傳染，這樣會越來越強化壓力，並使壓力原因複雜化。在管理者與被管理者的壓力對抗中，時間、精力、機會、激情都會被內耗掉。加拿大曾做過裁員後的員工心理調查，發現經過一場裁員後，倖存者的工作績效水準以及組織歸屬感都不如從前了，他們同樣也在為

自己能否保住飯碗而擔驚受怕。

因此當企業面臨重大的調整或嚴峻的考驗時，往往會自上而下瀰漫著一股緊張不安的情緒。員工無心工作，忙於互相打聽或是傳遞各種小道消息。這些沒有根據的小道消息像長著翅膀的小瘟神一樣，飛過每一位員工的心頭，隨時可能製造更大的麻煩，使企業的境況雪上加霜，甚至會導致企業出現混亂。所以對於企業的管理者而言，有時候封鎖消息以免造成人心惶惶的局面也是很有必要的。

當然，優秀的企業管理者會格外關注企業內部的情緒和氛圍，並且能夠適當地調整整個企業的情緒，使員工在積極向上的企業文化氛圍中，不斷努力上進，主動為公司貢獻出自己的力量。

太舒適的環境往往蘊含著危機

「青蛙效應」源自十九世紀末美國康乃爾大學的一次著名的試驗：他們將一隻青蛙放在煮沸的大鍋裡，青蛙觸電般地立即躍了出去。後來，人們又把它放在一個裝滿涼水的大鍋裡，任其自由游動，然後用小火慢慢加熱。青蛙雖然可以感覺到外界溫度的變化，卻因惰性而沒有立即往外跳，而是一直在舒適的水溫中悠然自得。直到後來水的溫度加熱到青蛙難以忍受的程度時，它想逃卻已經心有餘而力不足，因為

失去了逃生能力而只能被煮熟。

　　因此科學家經過分析認為：這隻青蛙第一次之所以能逃離險境，是因為它受到了沸水的劇烈刺激，於是使出全部的力量跳了出來；第二次由於沒有感覺到明顯的刺激，這隻青蛙便失去了警惕，沒有了危機意識。它覺得這一溫度正適合，對自己來說並沒有什麼危險。然而當水熱到無法忍受時，它才感覺到嚴重的生命危機，但是已經沒有能力從水裡逃出來了。

　　這其中最為明顯的寓意便是：置身舒適的環境，我們要有一種警醒意識和憂患意識。任何人和事都不可能是一帆風順的，看似優越的生活往往蘊含著巨大的危險，風平浪靜下的危機四伏其實最令人措手不及，所以我們要時刻謹記「福兮禍所伏」的古老格言。所以說大環境的改變能決定你的成功與否，但有時候大環境的改變是潛移默化的，大多時候是你覺察不到的。

　　因此在職場中我們要警惕青蛙效應。企業競爭環境的改變大多是漸進式的，如果管理者與員工對環境的變化沒有敏銳的察覺力，最後就會像青蛙一樣，被煮熟、淘汰了卻仍不知道。一個企業若只滿足於眼前的既得利益，沉湎於過去的勝利和美好願望之中，而忘掉可能形成的危機，看不到失敗一步步逼近的危險，最後可能就會像青蛙一般在安逸中死去。

　　一個人或一個企業應居安思危，適時宣揚危機，適度加

壓，使處危境而不知危境的人猛醒，使放慢腳步的人加快腳步，不斷超越自己，超越過去。青蛙效應帶給我們的不只是防範意識、道德操守等方面的警醒，也給職場上、生活中的我們以啟迪——對於好的習慣、好的心理狀態、好的生活態度，我們要潛移默化地把它們融入生活的方方面面；而對於一些不良現象、不良習慣等，我們一定要防微杜漸，防止其從量變到質變。

太舒適的環境往往蘊含著危機。習慣了的生活方式，也許對你最具威脅。要改變這一切，唯有不斷創新，打破舊有的模式。必須時時注意，多學習，多警醒。

男女搭配幹活不累

俗話說，男女搭配幹活不累。這句話在職場中是有一定道理的。有專家做過相應的調查，調查結果顯示有百分之八十的男性和百分之七十五的女性更願意與異性一起工作。而且通過對一些工作組合進行調查發現，在很多時候男女搭配確實可以提高工作效率。

心理學研究也證實，有男女共同參加的活動，較之只有同性參加的活動，參與者會更愉快、更有幹勁，表現也更出色，這就是「異性效應」。此外異性效應還存在一個最低比例，研究稱，在一個集體中，異性人數的比例不能少於百分

之二十，否則就會降低效率。那麼為什麼男女搭配能夠提高工作效率呢？

心理學認為，男性和女性在職場心理上有很大差異，如果男女搭配工作，可以將這種心理上的差異發揮出最大的作用，大多數男性都喜歡在異性面前表現自己的能力和擔當，所以與女性在一起工作，往往可以激發男性更大的表現慾和征服慾，使其願意主動承擔更多的工作，也會使工作效率有明顯提高；女性在工作中最大的心理問題就是缺乏安全感，調查顯示在與男性一起工作時，女性的安全感會有所加強，其在工作的時候可以放開手腳，最大限度地發揮自己的能力。

同時「異性相吸」，對異性容易產生好感是人和動物的天性。在視覺或者聽覺上受到異性的刺激，人往往容易產生興趣，同時也可能會改善心情。而且異性更能夠站在對方的角度想問題，考慮對方的難處，包容對方的不足與缺陷，互補的性格可以使工作氛圍變得輕鬆、愉悅。另外不管是男性還是女性，在職場中如果能夠得到異性的讚揚，都會在心理上得到極大滿足，從而減輕工作的壓力、減小身心疲憊對內心的影響，提高工作效率。

男性和女性的優勢互補也有助於工作的進行。比如男性邏輯思維、體力狀況和動手能力一般要比女性強，而女性則具有思維縝密、細心等優勢，男女搭配的時候如果都將自身的優勢發揮出來，自然可以提高工作效率。但是現在很多企

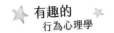
業認為女性在很多工作中有一定弱勢，而且需要比較多的假期，所以常常對女性存在一定的歧視。這樣做其實是不明智的。因為女性的優勢在任何一項工作中都會有所體現，而且因為有了女員工的參與，才可以產生男女搭配的效果。

 ## 外表光鮮的成功人士內心也有脆弱的一面

　　我們敬佩那些個人能力強的人，好像他們不論做什麼都能夠手到擒來，成功的光環總是罩著他們。但大家知道嗎？能力強的人更容易得抑鬱症。科學研究表明，越是思維活躍、自信心強的學生，或越是受人追捧、身家百萬的成功人士，他們的心理壓力越大，越喜歡把自己不好的一面藏起來，結果他們更容易受到「隱形抑鬱症」的困擾。越成功的人，越容易孤獨、鬱悶。

　　我們時常會聽到各種成功人士自殺的消息。如二〇〇八年九月八日韓國演員安在煥自殺。之後不過一個月，韓國「國民女星」崔真實自殺的消息再次讓人們震驚。從演員李恩珠開始，到演員鄭多彬、藝人張彩苑，就像傳染病一樣，一個接一個的明星自殺事件在韓國接連不斷地發生。究其原因，抑鬱症是這些影視明星背後的隱形殺手。

　　為何這些衣食無憂的成功人士們要自殺呢？原來成功人

士更容易鬱悶，也更容易患上抑鬱症。有一類成功人士擁有著充沛的精力，而且似乎不知疲倦、堅忍頑強，但是精力旺盛型的人，往往會長期處於一種輕微的躁狂狀態，稍一不順利就會不滿意自己及周圍的人和事，更加容易鬱悶。另外一類成功人士是那種為人謙和、做事沉穩、堅定意志的人，他們往往情感細膩，內心感情豐富，但不易向外人透露心聲，性格較為內向，思慮過多。這是種偏向悲觀的人，他們遇事容易往壞處想，順境時悲觀情緒被掩蓋起來，但在逆境時就容易產生重型抑鬱。

　　成功的人士往往思維敏捷、精神煥發、雄心勃勃，但有時候也會陷入另一個極端，表現為沉默寡言、猶豫不決、萎靡不振、終日愁眉不展，甚至悲觀抑鬱。他們往往看上去樂觀積極，實際上卻在心裡埋藏著定時炸彈——「隱形抑鬱症」。他們可能內心十分痛苦，但人前卻表現得心情平靜，甚至面帶微笑。這樣更加加劇他們的痛苦和鬱悶，因為他們無法向他人傾訴自己的痛苦。沒有人會一直開心，沒有人能夠一直順順利利、沒有痛苦，成功人士也不例外。這樣就不難理解，為什麼越成功的人卻越容易鬱悶，甚至會自殺。

　　所以對於那些外表光鮮、壓力巨大的職場菁英和成功人士，應當給予理解，不能在他們傾訴的時候潑冷水，要理解他們只是喜歡將自己的弱點隱藏起來，應幫助他們分散工作壓力。所謂的成功人士，也只是我們生活中的平常人。

員工更需要情感激勵

在公司，領導者記得住員工的名字，能夠當面喚出他們的名字，他們會感受到領導對他們的尊重。

唐駿之前是微軟中國公司的總裁，在他剛開始掌管微軟中國的時候，花了大量時間去背誦員工的中英文名字。唐駿說：「在中國，你叫得出員工的名字，記得他的生日，他會感到受到了尊重。如果在中國像在美國一樣理性，員工會感覺太生硬，缺乏人性的感召，不會按中國人的方式為你拼命。」因此在微軟任職期間，唐駿能隨口叫出一千多名員工的名字，然後對他們溫和地微笑。

一天晚上，唐駿在公司的電梯裡，遇見了一位帶著女朋友參觀公司的工程師。唐駿主動打招呼：「大衛，最近你們的專案做得如何？」第二天一早，唐駿便收到了這位名叫大衛的工程師的郵件。郵件中說，總裁讓他在女朋友面前很有面子，女朋友覺得自己的男朋友在公司裡很重要，總裁居然關心其負責的項目。郵件的最後，大衛發自肺腑地表示，今後他一定會更加努力工作，不辜負總裁的期望。記住員工的名字是唐駿一個非常好的習慣，也是他在職場獨特的生存之道。

其實很多成功學家早已看到「記住別人名字」的重要性了，比如成功學大師卡內基。

一次，卡內基去拜訪吉姆・法萊，問他有什麼成功秘訣。他說：「努力工作。」卡內基說：「您別和我開玩笑了。」於是他問卡內基：「你認為我成功的因素是什麼？」卡內基回答道：「我知道你可以叫出一萬人的名字。」「不，不。你錯了，」他說道：「我能叫出五萬人的名字。」

千萬不要小看這一點，正是這種能力，才使得吉姆・法萊幫助佛蘭克林・羅斯福進入了白宮，當上了美國總統。吉姆・法萊早年就發現，普通人對自己的名字總是最感興趣，如果能記住一個人的姓名，並且能隨口就叫出來，那麼對這個人來說就是一種巧妙而有效的恭維。假如你忘了或叫錯了某個人的名字，你就會處於很不利的位置。

唐駿之所以這樣做，就在於他認識到企業管理中人才的重要性。在情義成分很濃的中國，員工更希望看到管理者的投入，包括工作與感情，這樣才有共甘苦共患難的感覺。因此企業管理者要以讓員工舒服的方式來對待他們，站在他們的角度理解他們，充分認識人才的重要性。

對於一個企業來說，作為一個管理者，對人力資本的關注和開發管理，也是提高企業效益的一種高效方式。因為人力資本是能夠為企業帶來經濟回報的投資，當回報的效益超過了成本，資本就創造出真正的價值。對員工進行投資培訓、獎懲以及激勵，都能有效提高員工創造價值的積極性。

有人情味的管理方式更有效

　　人才是一個企業的根本力量，如何行之有效地管理人才，是企業生存和發展的重中之重。如今八〇後、九〇後的員工越來越多，對於管理者來說，這些極富個性、追求自由的年輕人更加不好管理。他們從小接收的資訊十分豐富，再加上學習的不斷加深，他們對待公司的管理另有一套理論和方式。如何管理員工，讓員工心服口服地為企業效力，這是一個值得深思的問題。

　　作為領導者，在員工面前樹立威信固然重要，但是作為一個管理者，還應該從自我做起，以身作則，德才兼備，以能力征服員工，以道理說服員工，以高尚的品德感化員工。聯想集團 CEO 楊元慶就是這樣的人。有一次，在兩天高強度的培訓後，楊元慶要求聯想高級經理每人寫一份個人改進行動計畫表。剛開始大家只花了十分鐘就寫好了，而楊元慶則花了較長的時間填寫了自己的個人改進行動計畫表，並逐條解釋給大家聽，讓大家明白填寫這個計畫表的實際意義。於是很多學員開始要回自己的計畫表，但這時楊元慶又說了：「這兩天大家辛苦了，很緊張，就不用在現場重寫了，回去後認真思考填寫好上交就行。」兩週後，每位參加培訓的經理都交上了讓楊元慶滿意的個人改進行動計畫表。楊元慶和員工們一同吃苦，使員工們感到自己做事應付而感到羞

愧，進而心服口服地轉變了觀念。

領導者主動尊重和關心下屬，用誠心和溫暖來打動人心，時刻以員工為本，多點人情味，多注意解決下屬日常生活中的實際困難，才能使下屬真正感受到管理者給予的溫暖，才能使下屬心服口服，一心一意地「聽話」，更加努力積極地主動用心工作。

一九三〇年初，全球經濟危機爆發，世界經濟低迷。絕大多數廠家都在縮小業務規模，減少生產，裁員或降低工資，導致大量的工人失業。松下公司也受到市場不景氣的影響，銷售額大大減少，公司商品堆積如山，資金週轉不靈，既無法維持公司生產，也無力支付員工的工資。但是松下幸之助並沒有裁員，而是採取了一個令人意想不到的措施：一個員工都不辭退，在生產上實行半日制，但是工人的工資仍然全天支付。與此同時，他要求全體員工利用剩餘半日的閒暇時間去推銷積壓的商品。不到三個月，員工們就把積壓商品推銷一空。松下公司不僅順利地渡過了危機，還得到了員工們的信任，提高了公司的凝聚力。松下幸之助也贏得了員工們的一致稱讚。

「第二次世界大戰」結束以後，松下公司經營十分困難，當時佔領當局要懲罰為戰爭出過力的財閥，包括松下幸之助。松下電器公司的工會以及代理店聯合起來，上街遊行請願解除對松下財閥的懲罰，參加人數竟達到幾萬人。數量之龐大令佔領當局意外。第二年五月，佔領當局便解除了對

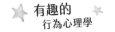
松下財閥的懲罰。如果松下幸之助不是時時以人為本，處處為員工考慮，尊重、愛護員工，又怎麼能讓自己和公司擺脫此次厄運，絕處逢生呢？

 ## 面試官提問是想窺探你什麼

「你在學校遇到的最委屈的事情是什麼？」

「在你的學習和工作中，你覺得最讓你尷尬的事情是什麼？後來你是怎麼化解掉這個尷尬的？」

「你和你家人的關係怎麼樣？多久給你媽媽打一次電話？」

「你有男朋友了嗎？你們以後打算往哪裡發展？」

「如果你工作了，會不會馬上結婚？結了婚是不是馬上要孩子？」

看完以上這些問題，或許你能猜得到，這是在面試過程中面試官有可能會問到的問題。有些問題似乎是在閒聊，是家長里短的瑣碎事情，可千萬不要以為這是面試官為了緩和氣氛而在跟你亂扯。這可是面試官在放鬆你的警惕、悄悄探查你的真實面貌，讓你在最不經意間「露出馬腳」。他們這樣做是試圖通過觀察你對生活中事物的處理，來真正全面地瞭解你。

有些面試官很會從話家常中看清楚一個人的性格、處理

問題的能力、看待問題的角度等等，因為簡歷只代表一個人的過去，有時是誇張了美化了的，並不能真正代表這個人是不是真的做了具體的工作。有的學生只是去擺擺桌椅就說是參與了晚會的策劃和協調。跟一個人聊天，是最好的也是最直接的瞭解一個人的方式，尤其是聊一些平常普通的事情。很多時候面試官設置這樣的問題，並不是要窺探你的隱私和日常生活，而是通過看你如何應對這些平常的瑣事，來考察你的反應能力和人生觀、價值觀。

如果站在面試官的角度來考慮問題，問一些私人的問題是十分有必要的。比如「有沒有男朋友」「打算什麼時候結婚啊」等問題，涉及男女朋友關係以及結婚生育等問題，這關係到企業人才的穩定性，是相當關鍵的。其實面試官並沒有窺探他人隱私的意思，有些工作崗位的設定需要特殊的時間，可能會影響到休息和娛樂時間。如果求職者能夠理解面試官設置問題的初衷，就可以將自己的個人工作打算，包括如果加班會怎麼樣處理自己和男女朋友之間的關係、如何處理突發的情況等告訴面試官。求職者如果認為這些涉及隱私，也可以選擇不回答或是直接拒絕，這也不失為一種體現尊重自我的方式。

還例如面試官會問求職者「有沒有生孩子的打算」、「準備什麼時候生孩子」。求職者不必覺得問了這些問題就受到性別歧視，面試官更看重的是這個求職者對於未來的職業規劃和生活安排的態度和看法。畢竟每個適齡結婚生育的女性

求職者都會經歷這些階段，這是不可避免的。面試官比較關心的是求職者對於個人私事的態度和處理的方法是否得當，以此來考察求職者是否適合這個工作崗位。

求職者要能夠站在面試官的角度換位思考，將回答問題的重點，放在自己對於包括生育等個人大事在內的生活節奏與職業規劃的把握方面：要向公司和單位表明自己並不會因為私事而打亂工作節奏，能夠把握好工作和生活的關係，兩個都不會耽誤；要突出自己的個人能力，強調自身與崗位的契合度；儘量地展示出自己的優點，自信、大方。這樣用人單位的面試官也會覺得眼前一亮，最終被你打動。

5
CHAPTER

心靈與身體的
神奇聯繫

 你的體液為你貼上了標籤

我猜想在諸多心理活動測試中，你一定做過有關「你屬於哪種氣質」之類的心理測試。你知道嗎，據說人類體內有四種體液，哪種體液占的比例大，你就屬於哪種類型的氣質。

在恩培多克勒「四根說」的影響下，希波克拉底創造性地提出了「四種體液說」，這位古希臘「醫學之父」認為，人類體內的體液可以分為血液、黏液、黃膽汁、黑膽汁四種。在不同的人體內，這四種體液的占比各不相同，因此希波克拉底根據不同人體中佔優勢的體液類型，將人類氣質分為多血質、黏液質、膽汁質、抑鬱質四種。一般在健康的身體裡，這四種體液配合恰當；當這四種體液配合不恰當時，身體是不健康的。雖然後來的醫學和解剖學都駁斥了希波克拉底的體液決定論，但是並不影響這一理論在心理學性格、氣質分析上的延續和應用。

我們身邊生活著各色各樣的人，有的人脾氣暴躁易上火，有的人辦事慢條斯理性子溫吞，也有屋內待不住的戶外分子、「大門不出二門不邁」的死宅傢伙，還有勇敢自信的樂天派、悲天憫人的憂鬱派……希波克拉底認為不同的體液來自不同的器官：血液出於心臟，心主火，是火根，有乾燥、多動的性質；黑膽汁生於胃，胃生津，是土根，有漸

溫、遲鈍的性質；黃膽汁生於肝，肝動氣，是氣根，有熱、易怒的性質；黏液生於腦，是水根，有冷、沉靜的性質。不同的體液有不同的性質，因此根據你的體液，可以區分出你的獨特氣質。

血液多的人是多血質，這種體質的人喜好導遊、主持、演講、接待和調查等靈活多變的職業。他們往往富有精力，興趣廣泛，同時也善變，喜歡多樣化的生活，不要妄想他們能安安靜靜地宅在家裡。

黑膽汁多的人是抑鬱質，這種體質的人多從事哲學、藝術、校對排版等工作。他們細緻敏感且深刻，但又性格怯弱、優柔寡斷、杞人憂天，所以往往能成為「眼神裡總是略帶憂鬱」的詩人。

黃膽汁多的人是膽汁質，這種體質的人具有領袖能力和冒險精神，喜歡從事冒險、媒體、外交、警察等強烈爆發性的工作。他們是天生的格鬥家，有強烈而迅速的情感，堅韌不拔，同時又易有激動、易怒的毛病，十分缺乏耐心。

黏液多的人是黏液質，這種體質的人多從事管理、醫生、教師、會計等理性具體且中規中矩的職業。他們一般多理性少感性，考慮問題周全，沉默克制，但過於固守成規，缺乏靈活性。他們戒備心十足，如果你有這樣的朋友，那麼恭喜你，你贏得了他們足夠的信任。

有些人屬於某類體液的典型氣質類型，而大部分人是兩種氣質的混合型，甚至是三種氣質的綜合型。當受到後天環

境和條件的影響時，人們的氣質類型就會發生更為豐富的變化，比如多血質和膽汁質類型的結合容易形成外向性格，而黏液質和抑鬱質類型結合的人文靜又內向。

　　你看，雖然性格和氣質的養成，還與後天條件和環境有關，但其實從一開始，你的體液就已經為你悄悄貼上標籤，那麼你的體液氣質是哪種呢？

心理「成長」的八個階段

　　美國著名精神病醫生埃裡克森認為，人的自我意識是具有持續發展性的。伴隨著時間的流逝，人類從嬰兒、少年，到青年、中年甚至老年，一步步經歷著成長、強大和衰弱，而我們的心理也伴隨著身體的變化在不斷地成長、成熟並趨於穩定。埃裡克森把人的自我意識的形成和發展過程劃分為八個階段。

　　第一個階段是嬰兒期，即從出生到一歲半。這一階段的嬰兒已經開始接受外界的刺激、接觸社會，這是建立信任的階段。具有信任感的嬰兒往往不會輕易哭鬧，因為嬰兒的內心對母親建立了非常強烈的信任感，知道母親會在他們需要的時候來到身邊。反之，不具有信任感的嬰兒會因母親暫時的離開而焦慮、哭鬧。

　　第二個階段是幼兒期，即從一歲半到三歲。這時候他們

已經開始有一定的心理特徵和自主感知，如會說「不」「不要」，會反抗，因此父母應該適度地運用社會的要求來控制兒童的行為，引導他們形成良好的生活習慣。

第三個階段是兒童期，集中在三至六歲。俗語有云，「三歲看老」。兒童開始注意到一些獨立的事物或現象，但往往注意力不穩定、不持久，不能專注於某一事物，同時好奇心強，容易被一些新奇刺激的新事物所吸引。低年級的學生的集中注意時間一般在二十分鐘左右，我們都知道，一般來說，低年級的小學生往往比高年級的學生好動。

第四個階段是學齡期，即六至十二歲。兒童開始進入學校進行系統的學習和接受教育，順利完成學習的孩子能夠獲得勤奮感，反之則會產生自卑心理。此外，老師對兒童的心理成長影響很大，埃裡克森認為一個未被發現的天才的內心火焰，大多數是被教師燃起的。

第五個階段是青春期，即十二至十八歲。人們在青春期往往會遇到許多問題和危機，如叛逆，這是心理上的自我認同的同一性和角色混亂帶來的衝突。簡單地說，一方面是因為青少年隨著身體的成長和發育，本能地有掙脫束縛的衝動，另一方面是因為青少年開始思考和懷疑存在的意義和社會地位，由此產生了角色混亂。

第六個階段是成年早期，即十八至二十五歲。埃裡克森認為，只有具有良好同一性的青年，才敢於與異性伴侶建立起親密關係，才能與別人真正共用雙方的同一性，也就是

說，敢於分享和接納親密的雙方的共同點和差異點，建立起和諧的兩性關係。然而這必然存在一部分自我犧牲，因此很多人要嘗試很多次才能獲得真正長久的親密感。

第七個階段是成年後期，即二十五至六十五歲。這個階段大多數人都建立了家庭，因此在心理上生育感比較強烈，側重於關心和創造下一代。埃裡克森稱之為繁殖對停滯或精力充沛對頹廢遲滯的階段。

第八個階段是老年期，即六十五歲直至死亡。身心衰老時期，老年人為自身生命的延續而努力抗爭。埃裡克森認為這個階段的老人其實並不懼怕死亡，其自我是統一、充實的，在以超然的態度對待生活和死亡。同時老年人對死亡的態度影響這一階段下一代嬰兒期的信任感，與第一階段首尾相連，環環相扣，形成一個循環的心理週期。

 # 「本我」「自我」與「超我」

心理學認為，「我」可以分為「現在的我」與「原本的我」。早在一九二三年，佛洛依德就從精神分析角度建立起了本我、自我、超我的結構模式，這三個不同的概念，代表著人類心理功能的不同側面。

「本我」代表的是所有驅力能量的來源，如生與死的本能。同時，「本我」原始地尋求解除興奮和緊張的方式，希

望通過完全釋放能量來追求快樂和迴避痛苦。「本我」活在幻想的世界中，不顧任何現實來獲得滿足。從這個層面來看，「本我」是過分、衝動、盲目、非理性、非社會化、自私的，是具有動物屬性的原始慾望的自然表現，是縱情享樂的。如孩童就處於本我時期，小孩子看到想要的東西很容易動手就搶，這就是「本我」。

「超我」是在社會行為準則下的「我」，是人類心理功能的道德分支，追求完美。人類在逐漸成長的過程中，需要學會根據社會的標準和道德準則來區別對錯、黑白，正確看待事情。「超我」中的人，能夠恪守各種行為規範，是超於現實世界的嚴格表現。過於完美的「超我」，不容易忘記自己或別人的過錯，限制本我並努力地追求自我理想。但是「超我」容易因為過度思考「對還是錯」、「做得還是做不得」而產生矛盾，使自己痛苦不堪，進而容易產生精神分裂。比如當你窮困到全身上下只剩下一百塊錢時，看到一個乞丐，卻把一百塊錢都給了乞丐，這就是「超我」。

「自我」是佛洛依德理論中的第二個概念，也就是現實中的我。「自我」根據現實原則運作，追求愉悅和現實，當然這個愉悅中包含著少量的現實中的痛苦和難受。「自我」是「本我」和「超我」的中和，既妥協於現實，也能夠從幻想中脫離出來變得成熟。現實的「我」是三個「我」的集合，既有想追求愉悅不顧一切的慾望，又接受道德規範的約束和束縛。「自我」既要處理「本我」帶來的無意識原始追

求，又要處理現實和理想的典範約束，二者不可兼得，永遠處於矛盾當中。如有一個好的職位，你和你的好朋友都想爭取，你儘量表現自己的優點，卻不給你的競爭對手設置障礙，這個就是「自我」。

佛洛依德將「本我」比作馬，將「自我」比作馬夫。馬夫騎在馬上，給馬指引方向，而馬則是馬夫前進的驅動力。因此「自我」駕馭著「本我」的方向、成長。然而馬具有原始的烈性，有時候是不聽話的，那麼馬夫就需要和馬協調關係，互相屈服。「本我在哪裡，自我也應在哪裡」，佛洛依德如是說。

終其一生，人的「本我」、「自我」和「超我」都處在不斷的對立統一中，互相影響，構成了豐富的精神世界和精神活動，指導著人不斷前進。

思考是個美麗的陷阱

「人類一思考，上帝就發笑」，這是一句著名的猶太諺語。一九八五年五月，米蘭·昆德拉在為耶路撒冷文學獎致辭時，引用了這句諺語。當然，這句話也出現在他最負盛名的著作《不能承受的生命之輕》中。

西方宗教普遍認為世界萬物是上帝創造的，人類也是上帝創造的，因而人類的一舉一動都為上帝所知。而人類卻不

斷思索，企圖通過《聖經》來揣摩神的指示、向世人的警示和預言。對於上帝而言，這些企圖通過孜孜不斷的思考來努力接近上帝、理解上帝的人類，確實有些可笑。已經成年的我們，看到未經世事的孩子大談人生也會覺得好笑。這與上帝發笑的心理，如出一轍。

然而，上帝畢竟是人類自己創造的空虛的存在，這句猶太諺語實則諷刺人類智慧的侷限性。人越思考，越容易陷入思考的困境。有的人狂妄自大，自以為發現了真理，甚至廣而告之、強加於人，事實上他只看到了事物的一面或表面，根本沒有看透事物。佛教有云「佛法無邊」，這類同於思考，思考也是無邊無界的。在我們平常的生活中總會存在許多分歧：你認為是對的，他卻認為是錯的；而你認為是錯的，他卻認為是對的。假若站在他人的角度來思考問題，或許我們的想法都是有道理的。

那麼我們到底是思考還是不思考呢？幾千年前，蘇格拉底說出了「我唯一知道的就是我其實一無所知」的相對悖論，可見他從來沒有停止過思考。語言學家索緒爾曾說過：「在語言之前，思想一片混沌。」自人類誕生以來，思想一直存在。即使那些最嚴謹、最嚴肅的思考，最終可能只是一個更巨大的未知，但也值得敬畏。

有時思考也是個美麗的陷阱。過度思考，很容易造成心理學上所說的思慮，使人產生思維障礙，導致精神紊亂。一九八九年先驗性詩人海子臥軌自殺，人們在他的身上發現了

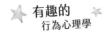
《聖經》。當你意識到不管怎麼想都走不出思緒怪圈，或者怎麼跟別人說都不可能做到完全正確時，與其費盡心思地尋找答案，或者喋喋不休地證明自己的絕對正確，倒不如量力而行，停止思考、理論。

現代生理心理學認為，人類的右腦負責管理直覺，這部分直覺儲存了人類誕生以來四百萬年的遺傳訊息，是豐富的智慧寶庫。過多的自我思考容易產生煩惱，使人在面對本來一目瞭然的事情時反而畏畏縮縮，不知道如何下手。有個故事：螞蟻問蜈蚣走路先邁哪條腿，蜈蚣卻陷入了沉思，始終邁不出腿，竟然都不知道怎麼走路了。生活中我們會遇到許許多多意想不到的問題和難題，切不要過於為難自己，而忘記了簡單生活的本真。

大腦的「神話」從何而來

二〇一四年大陸江蘇衛視推出的大型科學類真人秀電視節目——「最強大腦」，又掀起了人們對大腦神奇的記憶分辨風暴的嚮往和追求。「你的大腦只用了百分之十」的「神話」，又重新引起人們的重視和關注，但是你的大腦真的只用了這麼一小部分，其餘百分之九十的大腦則「無所事事」嗎？

大腦的「神話」從何而來？究其根源並不太清晰，可能

源於早期的科學研究者承認不知道人類百分之九十的大腦用來做什麼。一九〇八年，美國心理學家威廉·詹姆斯（William James）提到「我們可能只用到了我們心智資源的一小部分」，而一些專家卻將其演變為「我們只用了我們大腦的百分之十」，甚至偉大的愛因斯坦在談論自己非凡的聰明才智時，也認可了大腦的神話，因此有人認為愛因斯坦大腦灰質的開發遠遠超過常人。

敏銳的商人們抓住了這一誘人的大腦的「神話」言論，為銷售自己的產品添加助力，使「大腦只用了百分之十」的神話逐漸廣為人知。我們可以看到大量培訓機構強調大腦的開發和挖掘，記憶專家企圖通過訓練幫助你充分開發百分之十以外的大腦。甚至有一家航空公司利用「據說我們只用了大腦能量的百分之十，如果你選乘我們公司的航班，你的大腦能量將會用得更多」的廣告，大力招攬顧客。

然而，大腦研究人員卻質疑「大腦只用了百分之十」的神話。我們的大腦是自然選擇的產物，雖然它只占我們體重的百分之二到百分之三，卻消耗了我們吸入氧氣的百分之二十，說明整個大腦耗費著身體巨大的能量。自然選擇的基線和法則，使人類的進化，不會允許這樣一個高耗費的器官大部分處於閒置的狀態。試想想，你會讓一大堆無用的木板長時期佔據十分狹小的房間嗎？如果百分之九十的大腦沒有使用，那麼大多數的神經傳輸路徑將退化。所以說「大腦只用了百分之十」的神話是錯誤的。實際上，我們使用了整整百

分之一百的大腦，只不過對於大腦如何運作的不解之謎，我們僅僅解開了百分之十而已。

「大腦只用了百分之十」的神話，激勵著許多人在不斷地挖掘自身的能力和創造力的道路上前進，有其值得肯定的一面。然而這個神話得以流傳多年，並為人們所堅信不疑，從心理學上看，這是因為人們往往不承認自己的弱點或能力不足，而滿足於自己的大腦未完全充分開發的幻想。許多人暗忖，我不能像愛因斯坦那麼聰明，也不能像牛頓那樣從一個蘋果的掉落想到萬有引力，是因為我的大腦沒有得到完全開發，如果我的大腦通過鍛鍊得到開發，說不定我能成為第二個愛因斯坦呢！但事實上，我們要想獲得事業和生活的成功，除了勤勤懇懇地工作、慢慢積累經驗、不斷提升自己之外，並沒有其他快速實現夢想的捷徑可走。每時每刻，我們都用了全部的大腦，只是我們沒有意識到而已。

你，被大腦的「神話」騙了嗎？

第六感告訴了你什麼

幾千年前，古希臘科學家、哲學家亞里斯多德認為人有五種感覺——視覺、聽覺、嗅覺、味覺和觸覺。隨著科學技術的迅猛發展和生理學研究的不斷深入，人們對自身的認識也越來越深入。科學實驗表明，人體除了有視覺、聽覺、嗅

覺、味覺和觸覺等五個基本感覺外，有可能還存在第六種感覺。「第六感」常常出現在我們的生活中，尤其是在敏感的女性身上，比如我們常常會聽到以下對話：

——「你是怎麼發覺他說謊/做錯事/出軌/的呢？」

——「我的第六感在告訴我。」

有些人對「第六感」的存在深信不疑，有些人卻認為「第六感」簡直就是無稽之談。然而，科學家至今仍不能給我們確切的回答。

生物學家認為存在第六感，它是身體對機體未來的預感，生理學家把這種感覺稱為「機體覺」、「機體模糊知覺」，也叫作人體的「第六感覺」。它指的是人們對內臟器官的感覺，是機體內部進行的各種代謝活動使內感受器受到刺激而產生的感覺。例如人們對饑餓、口渴等的感覺，都不是通過五個基本感覺器官所感知的，而是通過「第六感覺」而感知的。有人把人的意念力或精神感應稱為人的第六感覺，也就是所謂的超感覺力，我們這裡所說的「第六感覺」是與之不同的。

「第六感覺」的感知，並沒有什麼專門的感覺器官，是由機體各內臟器官的活動，通過附著於器官壁上的神經元（神經末梢）發出神經電衝動，把信號及時傳遞給各級神經中樞而產生的。然而，內臟器官的感受一般都不像機體表面的感覺那樣清晰，而是帶有模糊的性質，而且缺乏準確的定位。比如當腹部出現疼痛的時候，患者往往分不清楚到底是

胃痛還是肚子痛，所以生理學家把人體的「第六感覺」稱之為「機體模糊知覺」。

在正常情況下，人們一般無法清楚地感覺到胃腸的蠕動、消化液的分泌、心臟的跳動等等。生理學家的實驗表明，當內部感受器受到特別強烈的刺激或是持續不斷的刺激時，人體的「第六感覺」開始工作，它對人類瞭解自身的活動規律和防治疾病都是有益的。

加拿大心理學家羅奈爾得‧任辛科發表在《心理學》雜誌上的報告說，他通過實驗發現，某些人可能會意識到他們正在看的景象已經發生了變化，但又不能確定到底這變化是什麼。他認為，這可能是一種新發現的、有意識的視覺模式。他把這種現象命名為「心智直觀」。任辛科說：「它可能是一種預警系統。」

某著名大學心理系主任韓世輝教授認為，第六感可以從意識的角度來解釋，人接收來自外部的資訊後，大腦即對資訊進行加工，有些資訊可以到達意識層次，有些則不能到達，但有時往往是後者改變了人的行為方式。對心理學研究來說，「第六感」有點像 UFO（不明飛行物）、外星人一樣，沒有直接的證據表明它存在，卻又有相當一部分人相信它的存在。

 ## 心理的錯覺永遠意識不到

網路上流傳著幾乎人人中槍的人生三大錯覺：手機振動、有人敲門、他喜歡我。平常生活中，絕大多數人都有過前兩種的錯覺，尤其是第一種。人們總以為自己的手機振動了或者鈴聲響了，拿出手機一看，才發現根本沒有任何資訊或電話，原來只是錯覺。

錯覺又叫錯誤知覺，是在特定條件下產生的對客觀事物的一種歪曲知覺。錯覺有很多種，如幾何圖形錯覺、時間錯覺、運動錯覺、空間錯覺、聲音方位錯覺、觸覺錯覺、心理錯覺等等。我們看水中的筷子似乎斷了，這是視覺上的錯覺；看到遠處走來的人像是一個朋友，這是心理錯覺；掂量同為一公斤的棉花和鐵塊，卻覺得鐵塊重，這是形重錯覺；在運動的車輛上認為車窗外的樹木在移動，這是運動錯覺。

俗話說「眼見為實」，但英國生物學家克裡克卻指出：我們很容易被視覺系統所欺騙，我們看到的某件東西不一定存在，但是我們的大腦卻意識不到它不存在。這種盲目的「相信」通常就導致了錯覺。在這個過程中，我們往往主動地根據經驗和眼睛來形成錯誤的資訊，從意識上看源於我們意識不到自己獲得的資訊的錯誤，也意識不到真實的存在。我們平時會看到開著的日光燈是一直亮著的，其實這也是我們的錯覺。實際上日光燈的光線是以每秒鐘一百次在閃動著

的，當每一百次日光燈閃亮連續出現時，我們就看到了一個連續被點亮的日光燈，因此當日光燈出現故障時，總是在異常地閃爍。

心理學上還有一種錯覺叫作「控制錯覺」。對於一些非常偶然的事情，人們往往會認為憑藉自身的能力就可以控制和支配，意識不到自己並不是無所不能的。事實上，偶然性的事件受機率支配，不受人的能力所支配。心理學家曾做過這樣的實驗：給試驗者一些錢，讓他們來做擲骰子的賭博，以測試人們是在擲骰子之前下的賭注大，還是在擲骰子後沒開寶時下的賭注大。結果表明，大多數人都是在擲骰子之前下的賭注大。因為試驗者覺得下賭注後，他們可以讓骰子按照自己的意願轉動。然而，賭博擲骰子的勝負完全取決於偶然因素，但人們往往會不由自主地去那樣做。沉迷於賭博的人往往很容易產生「控制錯覺」，總認為自己可以去控制每一次下注，他們忘記了賭博其實是個機率事件，是不能僅憑自己的能力去控制和掌握的。

說話不經腦子往往會大煞風景

在滿月酒席上，其他賓客朋友紛紛誇讚孩子可愛、漂亮，有的人偏要說孩子醜；在酒宴上，理應對新人說百年好合，有的人偏要提現在離婚率很高，婚姻很容易一拍兩散；

大家都在高高興興地吃燒烤，有的人偏捏著鼻子嫌棄吃燒烤不衛生，容易拉肚子；主人好不容易做了一桌菜，有的人卻苦著臉挑三揀四直念叨難吃死了……這樣的人說話不經大腦，往往容易惹別人生氣，弄得大家難堪，且經常得罪人。

　　想說什麼就張嘴說什麼，口無遮攔，說話不經大腦，往往會大煞風景。但是這些人真的是「說話不經過大腦嗎」？事實上並不是這樣的，他們不是不經過腦子，只是說話不經思考，感覺到不了腦子。大腦掌管著我們所有的行為，比如我們碰到針刺，就會迅速地彈開手。不經大腦，話怎麼能說出來呢？因此說話這一行為的產生，肯定是由大腦部分控制並給出相應的指示才完成的，只不過這個行為指令的形成時間十分短。佛洛依德認為人腦可以分為有意識和無意識兩個部分，說話不經大腦指的是有些話沒有經過有意識的部分，不經過思考，無意識地就說出來了。

　　從心理學上分析，說話不經腦子，屬於條件反射般的自然反應，即在很短的時間內，只是經過大腦簡單的加工，無意識地、很直白地、不假思索地就說出來了。你的反應和感覺還沒有達到腦子的有意識部分，還沒有進行較為深思熟慮的考慮就條件反射地說出來了。我們說某人不經大腦思考，從好的方面說，這是一種毫不掩飾自己的情感、隨心所欲的自然行為；但在我們的實際生活中，不經大腦就說話會經常讓身邊的人難堪、不開心，是不利於人際交往的。

　　很多人與別人處於某種關係一段時間以後，往往會變得

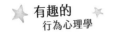
懶惰，不再考慮別人或同伴、朋友的感受，口無遮攔，對朋友造成了一定的傷害。雖然這樣不過腦子的話並無惡意，但還是應該站在別人的角度來看問題，懂得尊重別人的感受，這樣才會贏得他人的尊重。會說話的高手從來不去說那種「哪壺不開提哪壺」的蠢話。會說話才能讓別人開心，自己也開心，何樂而不為呢。

對於心直口快的人來說，也許很難改變說話直爽的方式，但是遇到事情時，不要急於表態，降低說話的頻率，「三思而後行」也未必是件壞事。記住，你的言語是具有影響力的。所以在與他人說話的時候要有分寸，懂得站在對方的角度想問題，不要說話傷了人，再來收拾這「說話不過腦子」的爛攤子。

「天人合一」，心裡最豐盈

天人合一是古典哲學的根本觀念，也是道教傳統的人生觀和世界觀。《莊子‧齊物論》：「天地與我並生，而萬物與我為一。」莊子認為萬物的本源都是一樣的，都是由「道」演化出來的，人類也一樣，道法自然。一百三十八億年前，宇宙在大爆炸中誕生了。隨著地球漫長的演變和進化，在幾十萬年前開始出現了人類。因此我們人類與萬事萬物一樣，都是自然演變和自然選擇的結果，「萬物與我為一」。

「天人合一」的境界也是心理學中追求的一個最高境界。「人是永遠不能滿足的動物」，從未停止過對需求的追求。美國著名人本心理學家馬斯洛提出著名的人生五大需求理論——生理需求、安全需求、社交需求、尊重和認可的需求、自我實現的需求。馬斯洛去世後，他的學生根據他的最新觀點和理論，進一步補充求知、求美、天人合一境界三種需求，使人生需求理論變為八大不同的層次。其中，天人合一境界可謂人生需求的最高層次。

人類作為一種高級動物，第一需求是生理需求。想要活下去，必須要有空氣、食物、水……就拿填飽肚子來說，「民以食為天」，人為了吃可謂不擇手段，天上飛的、地上跑的無一例外都進入人類的肚囊。各種烹飪手段層出不窮，煎、炒、蒸、煮、燉、烤……酒足飯飽後，人們開始有了對安全的需求，害怕身體受到傷害，同時也擔心生活沒有保障，害怕吃了這頓沒下頓。生理需求和安全需求都是比較低層次的需求，因為這僅僅涉及自我個人的滿足。

當最低層次的需求都得到滿足時，群居動物性質的人們開始了對友愛和歸屬的需求，都想追求愛情公寓式的「最好的朋友都在身邊，想愛的人就住在對面」的熱鬧和歸屬感。同時人們希望能贏得他人的尊重和認可，這是更上一層次的需求。

如果沒有得到認可，人們會產生更上兩層的求知、求美的需求。要想把事情做好做得漂亮，首先要瞭解事情的具體

情況，明確該如何做；其次要不斷完善，力求完美。如舞者希望聽到別人讚歎：「這個舞蹈如此靈動曼妙，跳得太棒了！」教師希望別人稱讚：「這位老師上課生動易懂，學生都愛聽。」我們都希望得到別人的認可，實現自我價值。從這一層次上看，它是對自我實現的需求，即把自己的理想融於自己的工作和生活中，充分發揮自己的潛能，實現自己的理想目標。

當滿足了自我實現的需求時，人們開始追求「天人合一」的最高境界。從心理學上講，「天人合一」指的是認識、遵循、利用客觀規律去看待事物和做事，只有這樣，才能真正做到隨心所欲和自由。老子說：「人法地，地法天，天法道，道法自然。」當達到「天人合一」的精神境界時，心裡必定是豐盈的。這時方能放下心中的一切，順應自然規律和自然需求，來追求自我價值的昇華。「天人合一」是一種與天齊高的巔峰體驗，一種人與宇宙合而為一的感受。復歸自然，與自然合一，將是人們畢生的追求。「天人合一」又怎麼會不是心理學的最高境界呢？

我思故我在

「我思故我在」的至理名言，是由法國著名的哲學家、科學家和數學家笛卡爾提出來的。笛卡爾是西方現代哲學思

想的奠基人，也是現代唯物論的開拓者，黑格爾稱他為「現代哲學之父」。「我思故我在」是笛卡爾認識論哲學體系的起點，也是他「普遍懷疑」的終點。

隨著社會的發展，人類開始思考獨立，開始懷疑上帝的存在，懷疑「地球中心說」，但是十四～十五世紀的歐洲社會仍在教會和教皇的掌控之下。義大利哲學家布魯諾反對「地心說」，宣傳「日心說」和宇宙觀，勇敢捍衛真理，卻被教會判為異端，燒死在羅馬鮮花廣場；伽利略製造了望遠鏡觀測天體，支持哥白尼的「太陽中心說」，並在威尼斯進行科普演講，向聽眾宣傳哥白尼學說，也被羅馬教廷殘害致死。

笛卡爾所在的荷蘭信奉新教，荷蘭是當時對新思想最寬容的國家。雖然笛卡爾在著作中清楚地向宗教判決會表明自己是上帝虔誠的教徒，但他還是與天主教發生了矛盾，其著作被禁止出版發行。因為笛卡爾為了追求真理，提出了對一切事物盡可能懷疑的「系統懷疑的方法」，甚至懷疑上帝的存在，提出了「我思故我在」。

「我懷疑，一切真理的源泉不是仁慈的上帝，而是一個狡猾、有法力的惡魔，施盡全身的解數，要將我引上歧途。我懷疑，天空、空氣、土地、形狀、色彩、聲音和一切外在事物都不過是那欺人的夢境的呈現，而那個惡魔就是要利用這些來換取我的信任。我觀察自己：好像我沒有雙手，沒有雙眼，沒有肉體，沒有血液，也沒有一切的器官，而僅僅是

糊塗地相信這些的存在。」笛卡爾的懷疑不是對某些具體事物的懷疑，而是對人類、對世界、對上帝絕對的懷疑。這是對經院哲學和神學的懷疑、反對和「挑釁」。

執著的笛卡爾發現，我們所看到或感覺到的東西常常在欺騙我們，那麼什麼是真實的呢？從這個絕對的懷疑，笛卡爾引導出「我思故我在」的哲學原則。笛卡爾認為，當懷疑一切事物的存在時，無須懷疑自己的思想，因為此時唯一可以確定的事情就是自己思想的存在，只有自己的思想存在，才會有思想的主體，也就是思維者的「我」。在笛卡爾的哲學世界裡，「我」是一個思維的東西，也就是一個在懷疑、領會、肯定、否定、想像、感覺的東西，一個在思考的東西，比如一個精神、一個理智或者一個理性。我在懷疑，我在思考，因此必定有一個懷疑思想的「我」存在。

從唯物主義來看，笛卡爾的「我思故我在」存在主觀的唯心主義，但是不可否認笛卡爾的思想對人類文明思想進步具有啟蒙意義。笛卡爾用「我思故我在」的至理名言啟迪正在教堂盲目相信上帝和神的人們，引導人們認識客觀的真實世界和自我，從世界的本源出發，去思考、去探索。

 ## 潛意識，有形無形地影響著你

首先來看看什麼是潛意識。

　　從心理學上看，潛意識是一個典型的心理學術語，指的是在人類心理活動中，人們一直沒有意識到、認知到的部分，佛洛依德又將潛意識分為潛意識和無意識兩個部分。一般而言，我們是無法察覺潛意識的，但它卻在有形無形地影響著我們的行為和意識。比如當我們看到有人隨地吐痰時會認為這個人很不文明，當我們踩空的時候會不自覺地揮手試圖抓住什麼東西，當我們吃飯的時候會不自覺地下嚥……這些都是潛意識在我們人類的生存和進化中潛移默化的結果。其實「一朝被蛇咬，十年怕草繩」也是潛意識在作怪。

　　佛洛依德將意識系統的結構，比作一個有著大廳和接待室的房廳，其中無意識系統是大廳，潛意識系統是接待室。因此當我們在進行心理活動時，所有的心理活動都會先進入無意識的大廳，而通過心理意識的守衛檢查的心理活動，便來到了與大廳相連的接待室，這時候心理活動開始進入潛意識系統。這部分心理活動一旦引起意識的注意，就能夠成為人們的意識；而如果不能夠引起意識的注意，就會時時刻刻潛伏在接待室，這時它們就成了潛意識中的無意識。所以我們可以看出潛意識其實也是意識的一部分，而且一直都存在，只不過是被壓抑或者隱藏了起來。我們做的每一件事情，都會有潛意識在默默地發生作用。想要成功或者做得更好，就需要不斷地學習新的東西，給潛意識輸進更多的基本知識、專業知識和最新資訊，使我們的大腦更充盈、更聰明、更有智慧、更富於創造性。想要成為一名優秀的建築

師，不僅要具有豐富的建築技能，還應不斷加強專業知識的儲備，使自己的判斷和設計更加準確合理。

我們應該減少甚至永遠不要使用以下用語：「我負擔不起這個」或「我沒有能力做到那個」。因為你的潛意識會把你說的話當真，認為你真的沒有能力做到。所以請對自己自信地說：「我能做到，我一定能完成！」如果想要早起去晨練，那麼從今天起，你在睡覺之前，請向你的潛意識下命令──「我要在早上六點起床」，那麼它將會準時叫醒你。

衰老並不是一件可怕的事

你害怕衰老嗎？這世上大概沒有不害怕衰老的人。秦始皇奢望能夠長久統治，為求長生不老，派人四處尋藥、煉藥，最終還是敗給了歲月。對於女性而言，衰老更加可怕，衰老意味著皮膚鬆弛長皺紋，最初美好的容貌，慢慢只能在以前的照片上尋找。衰老的可怕不僅表現在容貌上，還表現在能力上。人一旦衰老，就會記憶力減退，忘性很大，還很容易得老年癡呆症；再加上身體上的病痛，老人們往往行動遲緩，辦事不便，需要人照顧。

所以你瞧，衰老是一件多麼可怕的事情！

閉眼一遙想，等到年老的時候，牙口不好吃不了想吃的大魚大肉，爬不了想爬的大山，這老年的生活該是多麼的沉

悶單調。但令人意外的是大多數老年人卻沒有那麼多遺憾和悲傷，他們甚至十分坦然地接受了衰老的現實。美國多項民意調查發現，老年人是最幸福的人群，有老年人的家庭幸福感較高。這麼看來，也許大多數人都想錯了，老年並沒有我們想像的那麼苦不堪言，即使缺少了豐富的社交活動的老年生活也可以溫馨幸福。

布蘭迪斯大學的德里克教授通過實驗發現，與浮躁的年輕人相比，老年人更容易去留心那些積極的事物，同時他們很容易知足，不會對那些不快的事耿耿於懷。他們往往會發現和關注生活中的美好小細節，一件小小的事就能讓他們幸福好久。

社會情緒選擇理論認為，當人們意識到人的生命縮短時，注意力往往更專注於當下發生的事，而非未來所要去追求的目標。對於老年人而言，由於知道自己生命有限，他們常常想到的是自己現在所擁有的東西——孩子、親人、朋友，不會再像年輕人那般被渴望得到更多東西的慾望所困擾。老年人也更加關心目前還在自己身邊的人，關注身邊的小事物。生命的短暫和有限往往讓人們格外容易注意到美好的事物，而忘記那些曾經或眼前不好的事情。

老年人也沒有我們想像中的那麼脆弱和消極，起伏的人生經歷讓他們在面臨年老的失敗時，往往善於調節自身情緒，看淡並接受自己。「畢生控制」理論認為，當老年人面臨失敗時，他們往往會坦然承認和接受自己無法達到目標的

現實，轉而選擇改變自己的策略，採取補償性的控制措施。因此他們很容易放過自己，看淡榮辱得失。當他們越來越接近死亡時，就不會把死亡放在心上。平時，我們一聽到家裡的老人說「再過幾年就到地下了」、「不知道還能過幾次生日」時，總要怨老人胡思亂想，其實是因為我們比他們更加擔心死亡的到來罷了。老年人比中年人更能坦然接受人終究要歸於塵土的客觀現實，因此他們保持著一種樂觀向上的生活狀態，珍惜每一天，享受著現有的生活。

衰老並沒有我們想像中的那麼可怕，我們不可能改變人類要變老並死亡的現實，因此我們應該學習老年人的坦然心態和幸福秘訣，且行且珍惜，用盡全力過好餘下的每一天，不負此生。

然而不可否認的是隨著社會節奏的加快，如今年輕人的工作壓力越來越大，尤其是中年人，上有老下有小。許多人對老人的照顧往往不周全，容易忽視老人，因此我們也應該給予老年人更多關愛，防止他們患上「空巢綜合症」、憂鬱症。

自我認識與自我認知

從古到今，多少哲學家和學者都在孜孜不倦地進行著自我認識、自我認知。古希臘哲學家一遍又一遍地自問，我是

誰？我從哪裡來？又要到哪裡去？幾千年以來，人們從未停止過對自我的認識和思考。

那麼什麼是自我認識呢？從心理學角度講，自我認識是自我意識的一部分，是自我意識的認知成分，也是對自己身心狀態及對自己同客觀世界的關係的意識，是人類特有的反映形式。自我認識是自我調節控制的心理基礎，包括自我感覺、自我概念、自我觀察、自我分析和自我評價。其中自我評價最能代表一個人的自我認識水準，指的是個體對思想、能力、品德、行為及個性等方面進行的判斷和評估。因此當一個人能夠正確看待自己的對錯、得失，能夠客觀合理地評價自己的時候，我們就可以說他的自我認識水準比較高。

自我認識能夠幫助我們認識外界客觀事物，培養自身的自覺性和自控力，充分認識到自身的優缺點，在自我認識水準的不斷提高下，我們會不斷地自我完善。然而並不是所有人的自我認識水準都是一樣的，不良的自我認識將會導致自身與周圍人們之間關係的失衡和矛盾。比如有些人狂妄自大，自負到以為可以操控一切人和事，習慣對人指手畫腳，人們對此會很反感；有些人卻消極悲觀，認為自己能力弱小，做不成什麼事情，害怕與人交流，這樣不利於自身的健康成長。

那麼在我們進行自我認識的過程中，究竟是什麼在影響著我們的自我認識呢？自我認識在自我意識系統中具有基礎地位，屬於自我意識中「知」的範疇，涉及自身的方方面

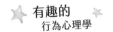
面，包括自己及自己與周圍環境關係的認識，也包括對個體身體、心理以及社會特徵等方面的認識。因此只看到自己和他人的缺點，就不能做到正確認識自己。狹隘的認識觀會影響到我們認識自我。

因此我們要正確認識自己，就必須用全面的、發展的眼光看待自己。我們每個人都有自己的缺點，但同時又都有自己的閃光點。如果只看到自己的缺點、不足，只看到痛苦和煩惱，將會悲觀失望；只看到自己的優點，用自己的長處比別人的短處，就會驕傲自大，止步不前，甚至會倒退。因此我們應該全面認識自己，既要看到自己的優點和長處，又要看到自己的缺點和不足，如此才能正確認識自我、瞭解自我、完善自我。

 ## 多重人格並不算陌生

在一個人身上存在兩種或兩種以上的人格是一種十分罕見的心理現象，據文獻記載，迄今為止只有一百多個例子。這些具有兩個或多個人格的人，都有兩個或多個不同的名字，他們在表現自己不同的人格時，連寫字的筆跡甚至腦電波也是不同的。也就是說，在一個人身上出現的兩種或多種人格，就好像使人成為兩個或多個具有各自思想和行為方式的獨立的人。

多重人格又被稱為分離性身分識別障礙，即一個肉體中裝了多個人格，輪流使用和驅使你的肉體。每個人格的行為、性格、習慣甚至語音語調都是不一樣的。多重人格障礙多見於女性，患者男女比例達到 1：9。這種人格的分裂大多是由於患者經歷了巨大刺激或虐待，其為了擺脫主體人格特徵的弱點和缺陷，分裂出一個虛擬的人格特徵，來完成主體人格想完成的事情。

然而多重人格分裂並不全部是壞事，通過治療和合理運用，也可以讓痛苦變成美好。四十八歲的英國單身母親金・諾布林（Kim Noble）因小時候受到虐待而患上了一種極罕見的「多重人格分裂症」，她身上最多時候曾經擁有二十個不同的「人格」，後來漸漸減少並穩定在十二個左右。二〇〇五年，諾布林聽取一位藝術治療師的建議，開始學習繪畫。然而令人意想不到的是，諾布林體內的十二個「人格」，竟然個個都是天才畫家，而且每個「人格」的繪畫風格各不相同，有的畫風憂鬱，有的畫風明朗，有的擅長抽象畫，甚至還有一個喜歡雕刻。諾布林任由不同的人格按照自己的意圖和風格創作藝術作品。十個月以後，諾布林舉辦了個人畫展，讓專業人士深感驚訝和讚歎，其作品也被越來越多的藝術鑑賞家高價購買和收藏。

其實多重人格分裂對我們來講也不算陌生，有時候我們好像自己在跟自己說話，有時候不受自己控制，甚至分不清現實和夢境，這些都是輕微的多重人格分裂的表現。對於正

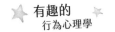
常人而言，一個肉體只有一個人格，然而鑑於自身心理承受能力的差別，在強烈的外界環境和重大事件的刺激下，有些人會分裂出好幾個人格，所以說「你的肉體能裝下幾個靈魂」是未知數。

親眼所見不一定就真實

如今有一種新奇的藝術展——3D 畫展——進入人們的視野，參觀者站在畫前似乎與繪畫融為一體，讓人分不清哪部分是真實的哪部分是虛幻的，令人嘖嘖稱奇。3D 展覽就是利用我們通常認為的「眼見為實」的誤區來營造的。3D 藝術展覽是通過線條的遠近，以及光線的反射、折射、陰影手法等，把原本 2D 的圖畫創造出 3D 的立體效果，造成視覺上的迷惑和錯覺。俗話說「耳聽為虛，眼見為實」，3D 藝術展覽卻告訴我們眼見不一定為實，眼見可能更不可靠！

不可否認，在人類的感覺器官中，眼睛是最能反映事物原貌的。可就因如此，我們過於相信第一感覺的眼睛，在觀察事物的時候，會不自覺地相信自己用眼睛所看到的一切，並自信地認為眼睛能夠「明察秋毫」，注意到事物或事情所發生過的任何變化。然而僅僅憑眼睛所看到的來評判事物往往是不可靠的，這就是為什麼法官在進行審判時一定要求有證據，而非僅憑一人「這是我親眼看到的」之談。因為有時

候我們根本無法捕捉到事物或事情的具體變化。

一方面，人類的眼睛是有視覺缺陷的，比如我們無法看到紫外線。人類的眼睛只能看到四百至七百納米的電磁波長範圍內的有限光線，很多時候我們很容易被自己有限的視覺所限制而產生視覺錯覺。比如我們看到房間裡面的桌子、椅子、牆體都是靜止不動的，而事實上它們內部的電子正在進行光速的旋轉，只是我們看不到、感覺不到而已。因此不要簡單相信我們的耳朵聽到的東西，更不要盲目地僅僅依賴我們的眼睛看到的東西。

另一方面，我們常常因自己的認知或生活習慣而產生心理錯覺，使視覺受到影響，從而忽視實物的真實面貌。亞里斯多德曾經理所當然地認為，從同一高度落下，重的物品肯定要比輕的物品落地快；伽利略斜塔上的實驗卻證明了這種看法是錯誤的，物體不論重量都是同時落地的。孔子周遊列國時被困數日，他路過廚房看到學生顏回用手撈鍋裡的粥吃，以為顏回在偷吃，就過去教育他。沒想到是顏回在煮粥時，發現有灰土掉進粥裡，趕緊撈起來，又怕浪費，所以就把髒的粥給吃了。這時孔子也不禁感慨：「信也者，目也。而目猶不可信。」原本以為最可靠的眼睛，卻讓他誤會了顏回。

總以為親眼所見就是真實的，但是事實上我們常常被眼睛所蒙蔽，所以別讓眼睛欺騙了你！雖然我們無法改變視覺本身的客觀缺陷，但是對於視覺造成的誤差或錯覺，我們在關注事物時應該多想多思考，全面理性地看問題，跳出思維

的圈子，不要將自己禁錮於固定模式中，避免讓自身的狹隘影響對事物的判斷。

人分三等，哲學家為一等

　　兩千多年前，古希臘重要的思想家、哲學家柏拉圖用心血繪製了一本《理想國》，後來這本書被稱為歐洲心理學史上最早的分類雛形。在《理想國》中，柏拉圖就提出了知、情、意的心理學三分法。最讓人眼前一亮的是柏拉圖通過他的老師蘇格拉底與他人的對話，虛構起一座完美理想的城邦。在對這個理想國的構建設想中，柏拉圖將國家分為三個階層，分別為受過嚴格哲學教育的統治階層、保衛國家的武士階層、平民階層。

　　因此他認為在最理想的國度中，第一等人物應為哲學家和國家的統治者，第二等人物則為武士、保衛國家的軍人，而第三等人物就是那些底層的農業勞動者和手工勞動者。《理想國》強調的是國家的正義，因此柏拉圖認為一個美好的國家需要具備智慧、勇敢、自制、正義這四種德行。而這四種品德和品質兼具的正是哲學家，因此他們可以作為理想國的第一等人物。

　　從整個理想國的構思中，柏拉圖按照一定的標準來劃分不同人的等級，一方面根據人的本性，另一方面則根據人們

的社會分工，即不同的社會階級。在柏拉圖的理論中，人類世界可以分為現實世界和理念世界，理念世界又稱為內在的概念世界，物質的本質只有理念世界的靈魂才能認識。在世界中，人類靈魂由理性和非理性兩部分構成。不同的靈魂通過理性、意志和情慾來構成不同的品德。例如理性具有智慧，意志發展為勇敢，情慾應受節制，在三者中理性最高，意志其次，情慾最低。

因為人性有了這三種不同的活動和追求，所以人類社會產生了相應的三個階級：追求感官的滿足和身體的享受者，他們往往成為社會中普通的生產者；追求榮譽和成就的人，他們大多數是勇敢節制的軍人；理性的追求真理者，如統治者和哲學家。

柏拉圖認為，只有理性、激情和慾望三者和諧統一，才能使人處於最佳的心理狀態。所以一個國家必然會存在這三種人，不同等級的人被安排在他們力所能及的崗位上，各安其位，各得其所，互幫互助，從而使社會井然有序。一個國家只有做到了這一點，才真正具備了「正義」。馬克思說：「在柏拉圖的理想國中，分工被說成是國家的構成原則，就這一點來說，他的理想國只是埃及種姓制度在雅典的理想化。」雖然柏拉圖唯心主義式的「第一等人物是哲學家」的「理想國」被世人所批判，但是作為當時的一種美好的幻想，它深深寄託了人們對國家和社會和諧穩定發展和進步的渴望。

6

CHAPTER

每個人都是
一道獨特的風景

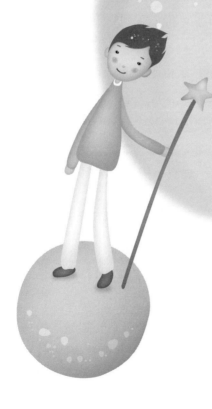

 # 先入為主的首因效應

「第一次見面我就覺得你是一個可靠的人」、「第一眼就覺得你很誠實善良」，我們俗話所說的「第一眼」、「第一印象」，就是心理學上的首因效應，是指人們第一次與某物或某人接觸時留下的最初印象。這個第一印象作用最強，持續的時間也很長，會在對方的頭腦中形成強烈的印象並佔據主導地位，還不容易發生變化。

例如我們對經典電視的翻拍版會產生抵觸情緒。這是因為第一次拍攝出來的經典形象已經深入人心，讓人難以接受後面的翻拍及演員，除非翻拍版劇情及表演上有所創新。而翻拍版往往很難做到這一點，很容易遭到網友的吐槽，比如總是覺得《鹿鼎記》中的韋小寶還是周星馳演得最活靈活現。

我們常常說，要給人留下一個好印象。因為「先入為主」的首因效應很重要，在人際交往中會助你一臂之力，也會絆你一跤。但是第一印象並不正確，也不太可靠。「第一次看你看不順眼，沒想到後來關係那麼密切」，這樣的誤解就是最初印象所導致的。雖然第一印象得到的認識比較膚淺，甚至是不正確的，但是有時候也決定著很多事情。《三國演義》中，與諸葛亮比肩齊名的奇才龐統想要效力東吳，首次面見孫權時，他卻穿著破破爛爛的衣服，而且態度傲慢

不羈，見了孫權也不過是點點頭。這令廣招人才的孫權對他的第一印象非常不好，竟然不顧旁人的極力推薦而將其拒之門外。看，第一印象何其重要！「新官上任三把火」，為官者也深諳首因效應的「下馬威」效果。

心理學家認為性別、年齡、衣著、姿勢、面部表情、體態、言談舉止等「外部特徵」，給人帶來的第一印象和第一感覺，能夠體現出一個人的內在素養和個性特徵。而且這個第一印象是難以改變的，造成的首因效應影響較大，會在未來很長一段時間左右對方對你的判斷和評價。因此在交友、招聘、求職、相親等社交活動中，我們可以充分運用首因效應，給不同的人展示不同的美好形象，為以後的交流打下良好的基礎。

比如在進行工作面試時，應該衣著正式整潔，大方得體，面帶微笑，給面試官留下認真負責、嚴謹專業的第一印象；而在參加聚會、約會時，應該穿戴休閒輕鬆的服飾，主動與人打招呼交談，給人留下友好、真誠的印象。好的開頭是成功的一半，通過塑造一個美好的初次形象，讓他人在七秒之內對你形成一個極好的印象，讓自己事半功倍，我們又何樂而不為呢？

多數派並不等於烏合之眾

「歸發突騎以轔烏合之眾，如摧枯折腐耳。」「烏合之眾」出自《後漢書‧耿弇傳》，原意指的是一群暫時聚合在一起的烏鴉，比喻一群臨時起意雜湊在一起的人，毫無組織紀律，十分散漫，因此很容易被擊散。

法國著名社會心理學家古斯塔夫‧勒龐在他一九八五年出版的著作《烏合之眾》中談及了心理學上的「烏合之眾」。他認為在現實社會中會經常短暫性地出現這樣的群體，當一群人聚合在一起構成所謂的「心理群體」時，他們不再是原來獨立的自我，也不是個體的簡單累加，而是會表現出迴異於個體的群體特徵，如智商低下、易傳染、情緒易爆發、無意識等。這樣的群體被勒龐稱為「烏合之眾」。

有時在某種感情的影響下，成千上萬孤立的個體也會獲得一個心理群體的特徵。隨著網路的日益發達，網上也經常出現「烏合之眾」。比如許多人很容易在臉書上無意識地跟著群體一起走，如轉發呼籲「×××滾出娛樂圈」的帖子。一起偶然事件，就足以使「烏合之眾」聞風而動，迅速聚集在一起，從而立刻獲得群體行為特有的屬性。

烏合之眾是具有群體性質的、有一定規模的人。然而多數派就是烏合之眾嗎？想必不是。在一定範圍內的群體中，占比例較多的派別被稱為多數派。多數派一般都持有較為統

一的觀點，有共同的利益基礎和追求，往往決定著事情或爭執的發展走向。在討論或做某個決定時，當因不同個體的利益而爭執不下時，我們往往會通過「舉手表決」或投票的方式來解決矛盾。

這就是多數派和烏合之眾的不同之處。從心理學上看，多數派是具有個人獨立思考和意識的，而烏合之眾中的個體的有意識人格已經消失，人們受到多數人的影響轉向同一個方向或具有相同的行動傾向，變成不再受自己意識支配的「玩偶」。多數派是長期存在的，而烏合之眾是臨時的、短暫的存在。我們可以看到每次的美國總統大選都是通過選民的多數投票得出的，這就是多數派的力量；而烏合之眾在事情高潮過去之後就會消失，如網路攻擊、人肉搜索。

從這個角度來說，你是多數派的支持者，還是混跡於烏合之眾中的一員呢？

追求完美不是錯，但不可偏執

什麼是完美主義者？就是你身邊做事一絲不苟，凡事親力親為，追求盡善盡美，生怕做錯事甚至害怕寫錯一個字、用錯一個標點符號的那個人；也是對你處處挑剔，挑三揀四，要求很高很嚴格，總是對你吹毛求疵，對任何事情都不

滿意的那個上司或領導。

　　心理學上認為，在完美主義者的性格中，追求理想主義式完美的傾向非常強，他們不僅對自己要求高，連對他人的要求也很高。出色的人存在一定的完美傾向，然而由於完美主義者很容易看到問題，所以他們不斷地解決問題，完善自己，使自己更加完美。但是人的能力不是無限的，給自己或他人制訂過高的目標，必然難以完成，也就很容易使人產生挫敗心理，陷入極度的沮喪，嚴重的甚至會導致抑鬱。有些家長要求自己的孩子在每次考試中都要考滿分，有時候孩子即使考了九十九分也會被狠狠教訓。有些習慣於安排好各種計畫的完美主義者，在遇到「計畫趕不上變化」的特殊情況時，會變得焦慮不安。完美主義者到底是怎麼了，非要與自己和他人過不去？

　　從心理學角度分析，完美主義的根源是幼兒式的二分法思維模式──非好即壞。可以說完美主義者的世界相對比較單純，摒棄了那些複雜的辯證，更多地以幼年方式面對現實世界，追求最好、最完美的。完美主義者這種簡單地追求完美的思維反應模式，其實就是一根筋的評價標準，他們不僅對自己相當挑剔，對他人也十分苛刻。

　　對於運動員而言，完美主義是一種重要的特質。法國著名足球運動員齊達內就曾說過：「在枯燥的訓練生活中，正是那種不斷完善自己的慾望讓我堅持下來了。」完美主義能夠激發運動員的潛能，使運動員不斷地與自己戰鬥，使他們

越來越接近完美的巔峰，一次又一次挑戰人類的極限，創造各個項目新的世界紀錄。

不斷審視自己，發現自身的不足與缺點，從而不斷努力，提高自己，使自己得到進步，走向完美，這種完善自身的積極做法，值得肯定和鼓勵。然而完美主義者過於謹慎和小心翼翼，不僅給自己帶來巨大壓力，也常常令他人為難。比如有些運動員一參加大的賽事就發揮不出自身的水準，追求完美給他們帶來了強烈的心理壓力，有時候反而使他們在賽場上的表現大失水準。

羅馬不是一天建成的。積極心理學告訴我們，失敗在所難免，應該允許自己失敗，這樣才能正確面對失敗，發揮出應有的水準。追求完美不是錯，但是不可偏執，更不必對最終的結果過分看重。記住，就算輸了，風雨過後仍是彩虹。

雙胞胎「心電感應」，神秘的未解之謎

雙胞胎大家都不陌生，想必都見過或者接觸過。據有關資料統計，全世界雙胞胎的人數達到了九千六百萬，每九十個人當中便有一對是雙胞胎，而且隨著科學的進步，生雙胞胎的可能性也越來越大。二〇一五年初，女歌手范瑋琪就誕生了一對可愛的雙胞胎「大小熊貓」——飛飛和翔翔。想一睹這對孿生兄弟如何從出生的「互不相識」到隨著長大模樣

變得越來越像，可以翻看模範丈夫、曬子狂人黑人的臉書。孿生兄弟和孿生姐妹之間的身高、長相、聲音甚至性格、習慣、愛好，都有著令人驚奇的相似性，而且存在著一些十分複雜而又神秘的未解之謎，比如說雙胞胎之間的「心電感應」。

四十年前，美國俄亥俄州有一對孿生兄弟，一出生就被不同的家庭收養，在不同的地方生活，在這期間他們互相不知道對方的存在。直到四十多年後他們偶然重逢，才發現他們不僅在音容笑貌上有著驚人的相似之處，而且生活軌跡也有著不可思議的相同點。比如他們兄弟倆的名字都叫 James，同時他倆都喜愛機械製圖和木工，並從事相關的行業，甚至他們都有過兩次婚姻。更神奇的事情還在後頭，他們的前任妻子都叫作 Linda，現任妻子都叫作 Betty，他們各有一個兒子，名字都叫 James Allen，甚至他們兩家的寵物狗都叫「玩具」！

根據對雙胞胎的研究發現，這種雙胞胎的「心靈感應」，在同卵雙胞胎中更為明顯，那麼雙胞胎這種神奇的超感覺直覺是怎麼回事呢？同卵雙胞胎是指兩個胎兒由同一個受精卵子發育而成，他們的相似度十分高，尤其是智力上的相似性要遠比只擁有百分之五十相同基因的異卵雙胞胎高出百分之二十五。因此同卵雙胞胎由於基因相同很容易在智力水準、思維方式上相似甚至一致。奇妙的「心靈感應」也許就是遺傳基因的原始反應在作祟。

明尼蘇達大學的一個研究小組發現，同卵雙胞胎的主要性格特徵大部分極為相似。他們通過大量的實驗，推斷出雙胞胎的才能、智力都深受遺傳影響，基因力量發揮了主要作用。因此許多雙胞胎尤其是同卵雙胞胎，在性格、才智上也十分相似。

雖然時至今日人們對雙胞胎的「心靈感應」還沒有得到一個確切的解釋和科學研究結果，但不能否認，這種身體和心理上的息息相通的確存在。我們還不能解釋生命的許多奧秘，對於許多未知的東西也不能輕易否定，而應以科學的態度堅持不懈地探索人類的未解之謎。

 ## 每個人都不是一座孤立的島嶼

在工作中，我們有可能會遇到這樣的人：接到任務之後他們就開始埋頭苦幹，不愛跟別人交談、說話。也許有些人會說性格內向、害羞的人往往不愛說話。然而事實上，他們未必是不愛說話，而是不想說話。

心理學認為原生家庭對一個人的性格形成很重要。也就是說最早的生活環境與人們後天形成的性格有很大的關係。比如在一個嚴格規定不能在家裡大喊大叫，尤其是做事時不

能分心說話，否則將要受到懲罰的家庭中長大的人，就會漸漸地養成不敢說話、不想說話、不愛說話的「內向」性格。

「言多必失」，不愛說話的人在無意識中認為不說話是安全的。或者是因為他不善於表達，一說話就容易出錯或者讓人誤會。所以從這一層面來看，當一個人光工作不說話時，這種表現方式一定對他個體本身具有保護意義，因為有可能他以前邊說話邊做事，釀成過大錯或者受到過懲罰。不愛說話的人往往認為，在做事的時候少說話甚至不說話，就可以避免多包攬事情的狀況，減少工作的機會。

那些光工作不說話的人多為男性，男性普遍比女性更不愛說話。往往女人愛說話，男人愛沉默，這是具有一定的性別心理因素的。尤其是在做決定或遇到困難和壓力時，為了更好地承擔社會責任，男人會選擇少說話。這時候雖然男人是沉默的，但他們卻在冷靜地思考，想辦法解決問題。而且男性的思維比女性更加直接，更加簡單明瞭，男性更喜歡靠行動來解決問題。尤其是在男人和女人吵架的時候，男人的表達往往被阻止，從而導致男性不說話的反抗心理——「你不讓我說，我就完全不再說話」。可以看看下面一段有趣的對話，體會一下男人不愛說話的無奈：

男：今晚想吃什麼呀？
女：隨便。

男：那我們去吃火鍋吧。

女：不行，吃火鍋要上火，會長痘痘的。

男：那我們去吃川菜？

女：昨天剛吃了，今天又吃啊⋯⋯

男：那去吃海鮮？

女：海鮮不乾淨，吃了要拉肚子。

男：那你說吃什麼？

女：隨便。

男：⋯⋯

這時候大概男人默默地帶女人到粵菜館扁一頓，才是正確的處理方式吧！總體來說，不愛說話的人，內心感受更加豐富細緻。雖然他們喜歡默默地幹活，但是很多的話包括怨言、委屈都在那裡積攢著、蓄積著，等待有一天爆發。所以不要惹怒他們，那時的爆發力你可能難以承受。

同時，在平時的生活和工作之中，也可以慢慢引導這些光幹活不說話的人，讓他們把自己內心的想法說出來，讓他們充分體驗和認識到表達的樂趣。每個人都不是一座孤立的島嶼，人是需要交流的。給不愛說話的人更多的表達機會，成為他們信任的傾訴對象，看著他們逐漸打開自己封閉的心，也是快樂的事情。

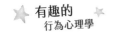

有智可觀萬象，有慧可析是非

學者林清玄曾說過：「智是觀察和思考的能力，慧是抉擇與判斷的能力。有智則可觀萬象，有慧方可析是非。」越有智慧的人越愛思考，越容易從我們日常生活中發現真理。

「人不能兩次踏進同一條河裡。」

「蘋果為什麼會落地？」

「我們可以建立一個井然有序的理想國。」

「北雁南飛是物候變化。」

生活處處有智慧，有智慧的人屬於心理學上所說的思想型人格，他們總是保持清晰的思維，觀察身邊的事物，專注地思考。他們習慣於把握更本質的東西，對於一切新鮮的事物，不滿足於暸解和知道的層次，對內在的本質和知識有著探求的慾望，因此他們會深入思考。「我若沒有知識，就沒有人會愛我」是思想型人格的基本理念。終其一生，他們就是想獲得更多的知識。

有智慧的人能夠清晰地認識到，現實生活中出現的問題其本質是一個知識塊的缺失部分。為了完善腦內不完整的知識儲備部分，有智慧的人啟動自身思維模式，發散性地思考問題的來源、意義、解決的辦法。在他們的腦子裡，知識的擴張就像開疆拓土一樣。領土越擴越大，然而未知的領域也越來越多，亟待他們去接觸、探索和發現。

　　通過知識的積累和歸納，他們不斷地深入思考。他們由點及面的思維方式是多元、立體的思維方式，他們是發散式的思維，可以觸類旁通。隨著長時間的不斷思考，有智慧的人大腦庫存越來越多，他們的思考經歷越豐富，思維方式也就越千變萬化。

　　習慣觀察和思考的人，很難停止他們的觀察和思考。一方面，他們腦中儲存的問題數量龐大，他們選擇用思考來解決這些問題所帶來的困擾和痛苦；另一方面，思考就像尋找用來打開糖果箱的鑰匙，他們不斷地思考，實際就是在追求解決問題後的那種短暫的幸福感。

　　不習慣觀察和思考的人則相反，一方面，他們思考的成本很高，一想到獲得答案的過程遙遠漫長而又艱辛，耗費的時間和精力如此之多，他們就認為思考毫無意義；另一方面，即使他們發現或意識到事物的不同和特別，也很難去思考為什麼不一樣，因為他們腦中儲存的問題很少，也沒有這樣的思維方式，最終可能會不了了之。同時這些無法解決的問題對他們來說，似乎沒有產生什麼痛苦，因為他們根本沒有意識到這些問題的存在，也就是說他們不知道這些問題能夠引起人們的思考和討論，因此也不知道這部分的知識。

　　當思維慣性形成後，觀察和思考就會成為有智慧的人習以為常的生活的一部分。

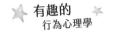

老實人不一定就好欺負

所謂「老實人」，不圓滑，不世故，實實在在做人，兢兢業業做事，任勞任怨。老實人有一個很重要的特徵——聽話：在工作上聽上司的話，聽同事的話；在生活中聽老婆或老公的話，聽父母的話，甚至還聽孩子的話。他們從不為自己爭取，從不為自己辯解。

聽話的老實人認為「吃虧是福」。上天是公平的，只要把自己該做的事情做好就會得到相應的回報。從心理學上講，老實聽話的人也試圖在這個社會中不斷調整自己，以尋找自己的平衡點，他們往往勤勤懇懇地做事、做人，不走捷徑，不走歪門邪道，一步一個腳印地走自己的路，為自己注入一種平靜、祥和持久的力量。有時候這種力量也會給老實人帶來回報和回饋，比如一絲不苟地完成任務贏得上司或老闆的信任，無怨無悔地幫助同事、朋友獲得好人緣，對家人順從使家庭和諧美滿……

然而社會的平衡性有時候也會被打破。當有人隨意進入老實人的領域、侵佔他們的勞動果實時，他們也會憤怒，但是往往採取容忍的方式來壓抑自己的不滿和委屈。隨著長時間的積累，這股不滿和憤怒會慢慢積聚成一股強大的力量。「不在沉默中爆發，就在沉默中滅亡」，這種力量長期憋屈在身，不僅使老實人身體遭受巨大的創傷，還有可

能造成他們心理的扭曲和變態，甚至形成一股強大的破壞力。

自尊是人格的一部分，老實人也需要自尊和尊重。有些人隨意欺負老實人，開玩笑、取笑甚至是辱罵他們。老實人的心理空間比較小，他們遇見問題往往容易鑽牛角尖、想不開，且會將傷了自尊的這些事放在心上，長期積累下來有可能會產生報復心理。

在現實生活中，老實人由於不善於表達自己的慾望，往往是社會上的弱勢群體。作為社會的一員，維護他人的尊嚴，包括聽話的老實人的尊嚴，是十分重要的。記住，不要欺負老實人！

 ## 話多未必是好事

有時候人們把話特別特別多的人稱為話癆。所謂話癆，一般指一個人總是跟別人不停地講話，根本沒有停下來的意思。話癆對身邊的親朋好友抓到一個聊一個，有時候讓身邊的人都反感或者害怕跟他們說話。甚至見到陌生人，話癆也會一見如故，聊個不停，不論場合、無所顧忌地從生活談到工作。

心理醫生認為，有些話太多的人有可能是患上了躁狂症。躁狂症是情感性精神病的一種類型，那麼躁狂症主要有

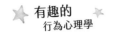
哪些表現呢？

第一是情緒「高」。患者會長久地保持興奮狀態，整天喜氣洋洋，世界在他的眼中永遠是那麼美好，好像沒有任何事情可以令他煩心和沮喪。因此他們經常主動與人甚至是陌生人打招呼，雖然有時候會讓人感覺莫名其妙。

第二是言語「高」。患者往往誇誇其談、口若懸河，常常認為自己很有本事，即使見到陌生人，也大肆吹噓炫耀自己，例如說自己多麼有錢、事業飛黃騰達、有多少人追求、辦任何事都難不倒自己等，輕的時候好像是一個說單口相聲的天才，重的時候則可能前言不搭後語。他們有時甚至因說的話太多而聲音嘶啞，但即便如此，他們依舊喋喋不休。

第三是動作「高」。患者往往精力充沛，不知疲乏，每天只睡兩三個小時，白天卻毫無倦意。而且他們往往在說話時手舞足蹈，做任何事都很積極，對人一見如故，親熱異常。但實際上，他們終日忙忙碌碌，效率卻不高，最終一事無成。嚴重的時候，躁狂症患者雖然講個不停，但多半雜亂無章，說話顛三倒四，給人一種神經搭錯線的感覺。

看看你的身邊有沒有那種話太多，一說話根本停不下來的人，有可能他們也患上了躁狂症。對於過於反常的話癆，可以建議他們去看看心理醫生。畢竟話多也不是什麼好事，不僅極大地困擾了別人，還有可能對自己的人際交往造成很大的障礙。

《爸爸去哪兒》第三季中劉燁的兒子諾一很愛說話，總是喜歡和身邊的人說個不停，被網友笑稱為「話癆」。其實仔細觀察就會發現，諾一進入話多狀態，往往是因為害怕尷尬或者想要緩解緊張的氛圍。所以當你發現自己似乎也有話癆的傾向時，先不要懷疑自己是不是得了狂躁症，倒不如先去看看是不是壓力過大或情緒過於緊張。

不能懂的才是藝術

觀看畫展時，你可能搞不懂為什麼那些奇形怪狀的線條組合能稱為一幅畫，可能不能體會貝多芬的命運交響曲有多麼的悲慨，甚至覺得某部電影的藝術感太彆扭了。「不能懂的才是藝術，藝術是不被理解的。」搞藝術的人為什麼總喜歡留著長頭髮，甚至身著奇裝異服，不修邊幅？搞藝術的人的世界我們似乎永遠都不懂。這是為什麼呢？

搞藝術的人的大腦運作和正常人確實不同，因為他們的邏輯思維和我們不一樣。他們有著敏感細膩的藝術情感、豐富非凡的想像力以及敏銳的觀察力。我們平常人覺得很一般的事物，在搞藝術的人面前卻被當作藝術物件來看待，他們能夠發現其中的微妙藝術元素。我們以平常人的眼光和心態，往往體會不到他們創作作品的良苦用心。搞藝術的人大多不按規律或常理、理性去創作，因此在創作之初很容易不

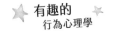

被別人理解。所以有些藝術往往因為過分精緻和晦澀而最終死亡。

搞藝術的人思維跳躍，同樣帶有些神經質。他們對於世俗的道德禮節約束相對不太在意，比如在感情上，有時候他們表現得比較離經叛道。搞藝術的人常常陷入熱戀，脫離現實，不顧一切，因此諸如忘年戀、老少戀之類在常人世界裡「令人稱奇」的事情，在搞藝術人的眼裡這並不算什麼。

其實搞藝術的人也從來不期望能夠被世人理解，甚至覺得被理解是一件「不藝術」的事情。搞藝術的人活在自己的藝術圈子或者世界中，並樂於享受自己的精神世界。因為在自己的世界裡，他們可以不拘泥於規定和束縛，無拘無束，自由奔放。

 ## 貪玩、任性，孩子的通病

前陣子聽到一個段子：「捷運上，一個小孩吵著想玩旁邊帥哥的土豪金 iPhone 5s。媽媽無奈地跟帥哥說：『小孩子不懂事，你能借他玩下嗎？一會就還你。』帥哥沒同意，小孩哭得更厲害了。一個妹子看不過去，拿出自己的白色 iPhone 遞給那小孩，鄙視地對帥哥說：『玩一下還能玩壞啊。』剛說完，小孩重重地把手機摔在地上，哭道：『我不要白色的。』」

在生活中，這樣的「熊孩子」有很多。現在的孩子大多是獨生子女，父母或者爺爺奶奶都把他們寵壞了，什麼都任由著他們。有些小孩子不僅貪玩還十分任性，比如逛超市看到好玩好吃的一定要玩要買，不給買就在地上打滾哭鬧個不停；想玩遊戲不想做作業，否則就絕食鬧脾氣。家長往往為了讓孩子停止哭鬧，選擇聽之任之，百依百順，結果孩子越發任性。而貪玩任性，從心理學上講會在後天形成意志薄弱、偏執、自我約束能力差的個性，不利於孩子的成長。我們都想要聽話、乖巧可愛的孩子，那麼作為父母或家長，應該怎麼治一治孩子貪玩任性的毛病呢？

美國兒童心理學家威廉・科克的研究表明，孩子任性是心理需求的表現。他指出，幼兒隨著生理發育，開始逐漸接觸更多的事物。他們對這些事物認識的正確與否，完全憑著自己的情緒與興趣，儘管這些事物可能是對他們不宜、不利，甚至是有害的。

而家長往往以成人的思維去考慮每件事情以及造成的後果，完全忽略了孩子參與的情緒和興趣。比如小孩子想要玩具，可能是因為他發現了新玩具與舊玩具不同的地方，這本來是他的閃光點，而很多父母卻以為孩子喜新厭舊，總是想要新的，而且家裡這樣的玩具已經夠多的了。這種好奇的心理需求得不到滿足，孩子就會以哭鬧來與家長對抗。有時候他們只需要十幾分鐘就能完成作業，但是家長總覺得時間太短，認為他們做作業肯定不認真，強制要求他們

做夠半個小時甚至一個小時，這時候他們往往就會邊寫邊玩。

反過來看，如果家長理解和尊重孩子的這種心理，並與孩子一起探討新玩具，讓他們做完作業後去做自己喜歡的事情，那麼他們心理上就能感覺到家長對其能力的尊重和認可。對於處於獨立性萌芽期的孩子，家長一方面要從孩子的角度出發，試圖理解和知曉孩子的心理需求；另一方面可以通過鼓勵孩子的自主性來讓他們充分發揮自己的能動性，保護和拓展他們的發散性思維。畢竟理解是良好教育的基礎。

臆想症聽起來恐怖，但也不算什麼

臆想症，從病理上講，是由不同生物因素（如遺傳）、心理因素（如壓力大）和社會環境因素作用於大腦上，使大腦在一定範圍內相對穩定的功能狀態遭到破壞，最終導致認識、情感、意志行為等精神活動出現異常。這些異常的嚴重程度及持續時間，均超出正常精神活動波動的範圍時，或多或少會損害患者的生物及社會功能，這就是臆想症。

二〇〇九年，澳大利亞曾經做過演員和導演的安東尼，因為失業在家變得暴力、狂躁，患上了臆想症。他總以為他的父親和妹妹在協助拍攝、錄製一個關於謀殺他或者勸他自殺的真人秀節目，因此陷入極度的恐懼，然後砍死了他的爸

爸和妹妹。

聽起來臆想症真是挺恐怖的，然而從嚴格意義上講，臆想症不算是精神病，但是有可能是精神病的早期症狀。其實在日常生活中，臆想症經常發生在我們身邊。

比如有的人在發展前景很好的工作中被人出賣、打擊，最終失業，這使他備受打擊。在以後的工作中，每次有人來請教事情時，他總是會懷疑這個人是要來套他的話、想要盜用他的想法，結果他對人冷淡，孤僻不合群，並且時刻保持敵意。還比如說，小時候在黑暗、隱蔽的地方被人裝神弄鬼嚇得心驚膽戰、哇哇大哭，長大了對黑暗的地方會心生恐懼，總是覺得有人藏在伸手不見五指的角落要故意嚇人，並為此恐懼不安。

甚至有些人總是懷疑別人在背後對自己指手畫腳，講自己的壞話。因此他們特別關注別人的一言一行，慢慢地就習慣性對號入座，總覺得他人的一舉一動都在含沙射影地針對他、指責他，甚至走在路上不認識的人隨口罵一句，他都能認為是在罵他，很容易產生誤會。

臆想是我們非常容易遇到的事情，應該正視這個問題，不應迴避。越是對臆想避而不談，越是容易造成一意孤行，導致最終幻想成真，聽不進別人的意見，故步自封，造成精神分裂，難以治療。臆想症就像我們平常患的感冒一樣，是可以週期性恢復的，也會因受到什麼刺激而發生。面對臆想症，應正視自己的現實訴求，克服自己的高度不安全感。臆

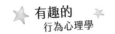
想症，並不是什麼大問題！

 # 肢體語言存在著地域差異

　　對美國人而言，豎起一個大拇指就表示「好，不錯」；而對義大利人和德國人來說，這有「數字一」的含義；在法國人眼裡，它表示零或者毫無價值；而日本人則認為這個手勢代表的是錢或者數字 5；不過在巴西人手中出現則表示粗俗下流；而在澳大利亞，這是用來罵人的；在中東國家做這個動作則十分危險，因為它代表的是一個挑釁動作，因此當你向伊朗人示好時，可千萬不能豎起大拇指。

　　身體語言有著地域差異，這固然是全球各種文化之間的差異所導致的。比如說握手這項社交中的基本禮節，不同的國家表現出來的卻是不一樣的。在英國等西方國家，握手是經常做的動作和行為，這只是他們一種習慣性的打招呼方式，所以一般都是「點到為止」。他們經常表現出來的是：兩人以手相握，然後馬上鬆開，兩人的距離也隨即拉開，會保持一定的距離。

　　東方人卻是相反的。由於東方人生性比較克制，不善於用語言表達自己的感情，做動作時往往顯得像煞有介事，故顯隆重：兩人先握一下手，然後慢慢相互靠近，而且兩人手一握起來，就長時間地不鬆開，邊握邊說話，似乎捨不得放

下。這讓西方國家的人們窘迫不堪，長時間的握手甚至讓他們認為對方有同性戀之嫌。這肢體語言背後所代表的意義，因各自文化背景的不同而顯得不同。

比如在西方國家，人們習慣於當眾表達親密關係，所以對於公共場合的親吻和擁抱的肢體表達方式做得從容不迫、落落大方；但在亞洲國家，人們卻始終做不出來，即使做了也會被嚼舌根，落得個不好的名聲。當然隨著世界交流的日益增多，越來越多的亞洲年輕人開始大大方方地向父母、親人和愛人表達自己的感情，但在公共場合類似親吻這種行為還是沒有達到司空見慣的程度。

這是因為兩種文化背景不同。中華民族長期受封建禮教的壓抑，在情感表達方式上一向非常含蓄。在西方國家，久別重逢的親人會直接在機場、火車站等公共場合激動地擁抱、親吻；而在我國，即使是歷經艱辛，多年再見的朋友或親人，也只會緊緊地握住雙手，最多只會激動地抱頭痛哭，卻絕不會相互親吻。

在陌生的國度和地域，入鄉隨俗是必然的。為了更好地進行交流和合作，避免不必要的尷尬，我們需要瞭解當地的肢體語言表示的意義和差異，恰當地使用自身的肢體語言，同時改變自己不良的身體語言習慣，以防造成不必要的誤解。同時，我們對不同國家的文化要持寬容和接納的態度，理解他們的文化習慣，而不是盲目歧視或者反感。

當然，這些肢體語言的形成到底是因後天文化因素的薰

陶，還是基於人類在各個地域的習慣成自然，抑或是基因遺傳所致，目前還存在諸多爭議，還值得我們進一步探討。

 ## 微妙的肢體語展示內心真想法

是的，我們的肢體會說話。那些常常被我們忽略的身體語言，有時候反而能夠告訴我們實話。眉目傳情、暗送秋波、眉飛色舞……單單就面部表情而言，就有二十五萬種之多，不同的面部表情又在告訴我們不同的資訊——緊抿的嘴唇裡是不願意分享的秘密，放大的瞳孔中是興奮的神采奕奕……這些微妙的身體語言，不由自主地表現出人們的真實想法。

那麼何謂肢體語言呢？肢體語言就是日常生活中人們身體，包括軀體部位姿態、動作或者面部表情甚至衣飾等傳達出來的內心語言和心理資訊，聳肩表示無奈，踱步是焦慮和緊張的一種表現。對於生活和工作中所遇到的諸多事情，即使我們不說，我們的身體也在告訴別人我們的真實想法。

美國加利福尼亞大學洛杉磯分校社會心理學家阿爾伯特‧梅拉賓通過實驗和計算發現，我們的交流有百分之九十三靠肢體語言，而只有百分之七依賴於我們所說的語言。所以很多人即使不懂外語，出了國照樣可以旅遊。美國著名記

者約翰・根室的《回憶羅斯福》中對羅斯福的描述堪稱經典：「在短短的二十分鐘裡，他的表情從好奇、吃驚到關切、擔心、同情，再到堅定、莊嚴，具有絕倫的魅力，但他卻隻字未說。」是的，即使羅斯福沒有說一句話，但是他的內心情感變化，已經淋漓盡致地表現在他的面部表情中，這樣甚至能夠更加真實地向眾人展示出他的內心世界。

「當人的語氣和表情傳達的情緒信號跟語言傳達的資訊不同時，人們往往會更相信非語言線索。」梅拉賓發現，人們所獲得對方的情緒信號中，大約只有百分之七來自我們使用的語言修辭，百分之三十八來自說話的語調，而有百分之五十五來自非語言線索的表情和動作。佛洛依德曾經說過：「任何人都無法保守他內心的祕密。即使他的嘴巴保持沉默，但他的指尖卻在喋喋不休，甚至他的每個毛孔都會背叛他！」在人與人的交流中，肢體語言總是要比嘴巴誠實得多。說謊的人總是會克制不住地亂摸亂動，以此來掩飾他們的不安。他們越是在嘴上說「不是，不是這樣的」，肢體的不安越是一直在出賣他們。

因此如果一個人在內心有了想法、企圖和動機，他的身體都會表現出相對應的反應，世界上沒有一個人能夠徹徹底底地掩藏自己的謊言。《烈日灼心》中心思縝密的辛小豐也逃不過自己不斷猛搓煙頭的習慣動作。因此對於說謊的人來說，更是如此，這些自己不能控制的肢體語言，將內心的真實想法、感覺和情緒傳遞出來。比如當你與人說真話的時

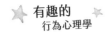

候，你的身體會不自覺地靠近對方；而當你與人說假話的時候，你就會不由自主地與對方保持較遠的距離，但神奇的是這時面部笑容反而增多了。

心理測試只是玩玩而已

「這個心理測試好準！大家快來做做！」

「真的耶，準！我就是這樣的！」

「哇，這也太神奇了吧，太準了！」

你的身邊說不定正在發生著這樣的事情。你是否有興趣做這個心理測試？會不會也覺得這些心理測試很準、很神奇？

有資料統計發現，在網路輸入「網上心理測試」便可以找到相關結果約近百萬個。不僅有五花八門的測試網站、各種心理測試 App（應用軟體），還有心理測試專欄等等。可見心理測試非常火。不僅心理依賴性強的女性熱衷於心理測試，一些看似理性的男性也對事業走勢的測試興趣盎然。為什麼那麼多人會相信心理測試，並願意花時間和精力去做呢？

心理學家將這種現象稱之為「巴納姆效應」。也就是說，人們常常很容易相信一種籠統的、一般性的人格描述能夠十分準確地揭示自己的特徵，即使事實上這些描述都十分

模糊、空洞，並且帶有普遍性，可以適用於很多人，難以真正客觀真實地反映自己。對照許多試驗，我們會發現各個答案都是十分模糊概括的，人類身上是具有普遍性格的，能夠隨著時間和事物不斷變化。比如有些人在朋友面前十分放得開，是個眾人的「開心果」，然而在面對初次見面的人時往往很拘謹，不知所措。

有人做過這樣的實驗：

如果有人送你一籃水果，你會把它放在家裡的哪兒呢？請立刻用直覺回答。選項：A 客廳，B 臥室，C 廚房，D 玄關，E 餐廳。

隨機測試了十五個人，結果有八個人認為這個心理測試很準。事實上，雖然這八個人的選項各不相同，但他們的選項答案都是一樣的。所以說答案的普遍適用性是非常高的。網上隨處可見的星座運勢分析也是一樣的，仔細一看答案，會發現雙魚座「戀家」的性格特點，其實也適用於獅子座的你。而我們在看心理測試答案的過程中，會優先選擇思維和意識與自己相符的資訊，甚至會直接忽視或過濾掉與自己不相符的資訊。由此可見，之所以能夠得出一個與自己趨同的答案，這是因為我們的求同心理在左右著我們的選擇。

有時候人們心裡也明白，這些心理測試不可靠、不科學，但是看到心理測試時還是會止不住花費時間和精力去做。想必，這更多的是基於百無聊賴的遊戲心態吧。有時人們也需要用心理測試來映射生活中面臨的問題。現代社會工

作節奏加快，人們工作生活壓力較大，很容易產生心理健康問題，很多人因此來參加心理測試，以驗證一些心理問題。實際上，心理問題並不是難以啟齒的疾病，當意識到心理問題加重時應該諮詢心理醫生，從而得到正確的治療。

網路上有很多心理測試只不過是為了引起人們的注意，在題目的設置上存在很多問題。如果想要真正瞭解自己的心理狀況和內心，不妨踏入心理諮詢室向專業的心理醫師請教。當然，如果純粹是為了打發時間做做遊戲，網路、APP中的心理測試，便是大家不錯的選擇。

學心理學的人往往自身有問題嗎

有人說心理學才是最危險的專業，因為學心理學的人往往自身就有心理問題。「久病成醫」，就成了心理學家。然而有時候他們並不能擺脫自己的心理疾病，最終導致更加嚴重的心理問題，最終「醫者不能自醫」。從古至今就有很多這樣的例子，不信的話，先來看看以下幾個案例：

美國精神病學家愛利克‧埃裡克森從小父母離異，他的一生充滿了自我認同感的問題，他認同自己的理論，並自認為在這方面的研究沒有人能達到他的高度。但是後來，埃裡克森對自我同一性的認同感出現危機，他陷入矛盾、痛苦之中，最後心靈扭曲，出現許多介於神經症和精神病患者之間

的詭異行為。

對精神分析持有懷疑態度的著名美國心理學家凱倫・霍尼患有嚴重的抑鬱症，甚至企圖自殺。

榮格也是一個會出現幻覺的人，然後他開始研究自己的幻覺，獲得了「倫理靈感」。

佛洛依德也是一個心理疾病患者。他的內心具有強烈的依賴性，嫉妒心很強，而且敏感多疑，十分專斷。不過幸運的是他擁有和諧平靜的婚姻生活，因此可以專心致志地進行心理問題的研究。

每個人都不同程度地存在心理上的問題，但是心理學家對於心理問題要比常人敏感得多。一些細小的心理問題若不足以引起人們的注意，也就不會對人們產生多大的影響。然而對於心理學家來說，正是因為發現了這些問題，他們才孜孜不倦地去探索出現心理問題的原因，思考該如何去解決這些心理問題。可以說，即使是一個小小的心理問題，都能夠對心理學家產生巨大的影響。

但是即使是十分瞭解自身精神狀況的心理醫生，也很難把一個個的心理問題都一一解釋清楚，他們無法找到自圓其說的科學理論，所以有可能因此深陷某種問題多年而不能自拔。這些心理問題及其解決方法，始終壓抑著心理學家的內心，導致他們或暴飲暴食，或抽煙喝酒，或焦慮失眠，敏感而不自知。

同時由於心理醫生要接觸有心理問題的病人，在對病人

的治療過程中，醫生會設身處地地為病人著想，以致在傾聽完病人的心理描述之後，就完完全全進入病人的世界，產生了在心理學上所謂的「映射」。這樣才能更加清楚地瞭解病人的心理，達到更好的治療效果。

這種「映射」行為對於心理醫生來說是不可避免的，但是當「映射」行為過多時，就會對自己的心理造成污染，並且這種「映射」將成為一種潛意識的行為一直存在於心理醫生的腦海中。久而久之，原本沒有心理問題的心理醫生也會產生心理問題。所以一般做完病人的治療之後，心理醫生也會經常做自我的心理調節，努力讓自己儘快走出病人的角色。

所以說心理醫生也是一個非常危險的職業，稍有不慎，便會「走火入魔」，出現心理疾病。因此很多心理機構和組織會定期組織心理醫生調解小組，舒緩心理醫生的情緒和工作壓力，及時發現他們的心理問題，共同解決，相互幫助。

每一個職業都有它的偉大之處，心理醫生也是如此，我們也應當給予尊重、認可和關心、幫助。

7

CHAPTER

愛情中的
百般滋味

愛情，就是感情上的相互吸引

「異性相吸」帶來了男女互相接觸、交往的吸引力，而最終使男女雙方進行戀愛，這是「萬有引力」中的吸引法則。愛情，是感情上的互相吸引。

在戀愛心理學中，戀愛中男女雙方真正被對方所吸引，這種強烈的吸引力推著雙方一步步靠近，並激發出男女之間的激情。隨著吸引法則越來越凸顯，戀愛的男女雙方一般在外貌、精神或者性格上都互相匹配，十分契合，以至於戀愛的男女願意長相廝守一輩子。「頡眼容光憶見初，薔薇新瓣浸醍醐」，在文學上有共同愛好和追求的錢鐘書和楊絳互相吸引，他們在清華大學古月堂門前一見鍾情，牽手步入幸福的「圍城」。

反之，如果雙方之間缺少吸引力，那麼這種感情關係則存在諸多的不匹配，如果得不到改善，那麼戀愛關係或者婚姻關係就會結束。有的人由於年齡大了等緣故而不得不選擇步入婚姻，卻始終無法相互吸引，最終導致婚姻失敗。

心理學家發現「一見鍾情」發生時的吸引力是巨大的。這主要表現在人們外貌和氣質的吸引力。我們往往會發現在男女雙方互動活動中，外表漂亮的女孩子很容易吸引異性的追求，帥氣的男孩子也容易受到女孩子的青睞和信賴。雖然第一印象和第一感覺並不可靠，相處的時間長了，人就會暴

CHAPTER 7
愛情中的百般滋味

露許多問題，但是很多人還是難以抵擋住第一印象的吸引力。

　　然而，吸引原則並不只是一見鍾情。有些人在剛開始見面的時候沒有什麼特別的感情，而是在相互的接觸和交往中，慢慢產生了相互的吸引力。如果說一見鍾情更多的是「以貌取勝」、「以氣質取勝」，那麼那種細水長流的吸引力則是隨著時間的推移，男女雙方慢慢發現對方內在的思想、想法或者性格，正在吸引著自己，這時候吸引力開始起作用。這樣的情感吸引，接受了時間的考驗，更加容易成功。

　　心理學家們發現，愛情上存在著「羅密歐與茱麗葉效應」。也就是兩個人在談戀愛時，遇到來自外界如社會輿論壓力尤其是父母的反對和阻攔時，反而更能夠增加雙方的吸引力。這時候他們更能在對方眼中感受到濃濃的愛意，於是他們更加強烈地反抗來自外界的阻力，因此私奔、私訂終身的例子屢見不鮮。正因為如此，牛郎織女即使遭到了王母娘娘的拆散，也仍然堅持一年一度的鵲橋會。

　　在男女的交往當中，我們需要通過較長時間的相處，去接觸、去深入瞭解，「閃婚有風險」，情感賭博需謹慎。青澀的果子是苦澀的，我們何不等它瓜熟蒂落的那一天。慢慢來，對的人會一直在原地等你。

如何讓愛情升溫、心跳加速

　　曾經有一個作家交了一個知心的女筆友，他們在信中互訴衷情。有一天中午，作家約了這個女孩在湖邊見面。但事與願違的是這次見面結束時兩個人不歡而散，因為他們對對方都很失望。作家回來後很鬱悶，開始反思此次約會。他明白了一個重要的原因，時間和地點都不對。中午的湖邊波光粼粼，帶有強烈的反光，照得人十分明亮，似乎對方可以看透自己的心思，使人特別不安和不自在，沒有一點兒浪漫氣息。

　　作家總結了一下經驗和教訓，又重新寫信向女孩道歉，並再次約她晚上去看一場新上映的電影。自然，他們這天晚上相處得十分愉快，並且在黑暗的掩護下，又開始有了那種寫信時的認同感和自然親切感。這場電影讓兩個人的距離越靠越近，沒多久，他們就確立了戀愛關係。

　　我們從作家的這兩次約會，應該能發現一些約會的奧秘，比如約會時選擇的地點十分重要。在心理學中，有兩個著名的效應與約會地點的意境有關，那就是「黑暗效應」和「吊橋效應」。

　　心理學家告訴我們：人在黑暗中容易產生不安感，因此人越是在黑暗的時候，體內需要陪伴的本能意念就越強，就容易促使兩個人之間的關係迅速發展，也就越容易產生愛戀

行為。而且在光線較暗的場所，因為雙方看不清彼此的表情，彷彿戴上一個面具，也比較容易放鬆下來，對拉近雙方的距離有很大幫助。同時，暗淡的光線能夠遮掩自己和對方的不足，能夠營造心理上的美感。如果選在白天約會，雙方會比較在意自己身上的不足，遮遮掩掩，放不開，而且容易顧及不到對方，比較難以溝通，容易造成誤解。

所以在晚上約會成功的可能性要遠高於白天在光線明亮的場所。心理學家把這叫作「黑暗效應」。因此約會可以選在咖啡屋、酒吧、影院等昏暗的地方，在這些光線暗淡、氣氛安靜的地點約會，容易使人產生親密接觸的慾望，可以增加彼此的親密度。

「吊橋效應」是指當一個人提心吊膽地過吊橋時，心跳就會不由自主地加快。而當這時候，碰巧有一個異性，那麼他會誤以為眼前出現的這個異性就是自己生命中的另一半，從而對其產生感情。事實上，這是由於在危險的情境裡，人們會把這種不自覺的心跳加快誤解為看到對方時的心動，從而滋生出愛情的情愫。

因此我們常常在小說和電視中，看到「英雄救美」的情景。一般都會出現英俊的男主角與被救的漂亮女主角因險生情，他們在共同經歷苦難和險阻中將感情逐漸昇華。「吊橋效應」告訴我們危險或刺激性的情境或事物可以促進戀愛雙方的感情。所以許多年輕的情侶們喜歡去遊樂園玩雲霄飛車或者喜歡一起看恐怖電影，在心跳加快、呼吸急促中，讓彼

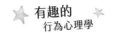
此的心更加貼近。

 # 一見鍾情到底為何物

一見鍾情是卓文君和司馬相如席間四目對視,琴瑟傾訴之間兩情繾綣,最終私奔;一見鍾情是柳夢梅與杜麗娘月下偶遇,良辰美景之下私訂終身;一見鍾情是幾百年前羅密歐與茱麗葉不顧家庭仇恨,誓死堅持在一起……一見鍾情不僅發生在遠古時代,也發生在我們日常生活之中,甚至有些人只見一面就確定對方就是自己要找的人,幾天之後便閃婚了。

一見鍾情到底為何物,為何能夠讓人變得似乎不太清醒?曾有人這麼描述一見鍾情:「當你看到那個人,大腦瞬間空白,整個世界都安靜了,你會自覺遮罩周圍的事物,好像全世界只剩下你和他兩個人,你能看到他身上帶著神聖的光環,覺得眼前的這個人就是自己一直苦苦尋覓的那個人,甚至這時候全身上下都有觸電的感覺。」

讓人如癡如醉的一見鍾情真的那麼神奇嗎?不可否認,一見鍾情所產生的身體反應和心理反應來源於我們人類內在的力量。從心理學來說,一見鍾情的發生並不是隨意的。事實上,奇妙的一見鍾情只不過是你的夢中情人在現實中出現了!

　　一見鍾情這樣的事情並不會發生在所有人身上，有些人更喜歡細水長流的感情。而但凡能夠一見鍾情的人，其實心中早就有了一個愛慕者的理想形象，而剛好碰上了幾乎是百分之百相似的人，於是在他們之間便產生了神奇的化學反應，發生了所謂的一見鍾情。

　　這個讓人愛慕的理想形象並不是一時半會兒能夠產生的，而是人們在出生以來十幾年或者更長時間的社會生活中，受到身邊的親人或朋友的影響，慢慢地在大腦中勾畫出來的。通過篩選、完善和填補，理想對象的模樣、性格、氣質等不斷地在人們頭腦中固定化、模型化，並被人們儲存在大腦中。儘管這個理想對象一直在豐富化，但是最終形成的理想對象的形象卻是模糊不清的，只是一個大概。因此當機緣巧合，一遇到那位他時，大腦中的那個理想的對象形象便立刻浮現出來，並與之匹配，此時在心理上就認定了他。這時候大腦接收到這個激動人心的消息，變得興奮起來，人的心跳開始加速、臉開始變紅，甚至整個人都激動到手舞足蹈、不知所措。

　　這時候如果一見鍾情的男女雙方進入戀愛狀態，他們的丘腦的下部神經開始受到強烈的刺激，血液循環加快，兩人很容易馬上陷入熱戀狀態，忘乎所以，甚至可以不顧世人的眼光。這就是為什麼司馬相如和卓文君可以一曲定情，決定私奔。

　　但是根據科學家考證，一見鍾情的現象較多地發生在男

性身上，這似乎可以從側面說明男性能夠在不瞭解對方實際
情況如品行、家境的條件下，而去喜歡對方，更容易以貌取
人。

 情人眼裡為什麼會出西施

　　「情人眼裡出西施」的例子在生活中很常見，在娛樂圈
更是屢見不鮮。比如熠熠生輝、全球享有名氣的碧昂斯和名
不見經傳的 Jay-Z，他們讓人大跌眼鏡；還有「大號模特」
蘇菲‧達兒和矮小的傑米‧卡倫的強烈的身高對比，讓人們
感到他們在外貌上明顯不匹配。可是外貌上的差距卻不能夠
阻止他們相愛，這大概就是我們經常說的「情人眼裡出西
施」吧！

　　在十九世紀四〇年代的英國，有一個著名的女詩人伊莉
莎白‧芭莉，她是個癱瘓病人，終年臥床不起，身軀嬌小，
瘦得皮包骨頭，顯得十分難看。到了四十歲，她還沒有出
嫁，但是由於她寫得一手好詩，引得眾多詩迷紛紛慕名前
來，但她都拒之門外。其中，有一位比她小六歲的青年詩人
叫羅伯特‧白朗寧，他堅持不懈的精神打動了她，於是他們
結婚了。讓伊莉莎白‧芭莉接受他的原因是他們第一次見
面，白朗寧就說：「你真美，比我想像的美多了！」世人的
愛情總是讓人驚歎，在情人眼裡，醜女都可以變成那美麗的

西施。

　　心理學卻告訴我們，「情人眼裡出西施」，不過是「暈輪效應」的一種表現。暈輪是月亮周圍有時候會出現的朦朧圓圈，也就是我們常說的「月亮打傘要下雨」。在心理學中，暈輪效應又叫作「光環效應」，特指當某個人或事物的某個特點、品質特別突出，就會「瑕不掩瑜」，甚至會使人不能夠正確全面地進行觀察和瞭解，從而出現心理錯覺，認為就是完美無瑕或者是醜惡無比的。這種光環效應導致人們根據個人的好惡程度，來形成對他人的認知判斷，從而由此及彼地推出認知對象的其他品質。一般來說，暈輪效應一般產生在不熟悉的人之間或者伴隨有嚴重情感傾向的人之間。

　　其中外表第一印象的「首因效應」，也是導致暈輪效應的一種外因，當然這涉及一個人的氣質、性格、能力、個人修養。一個粗俗的舉止，有可能會讓人認為這是一個不禮貌的人，而一個優雅的舉動會讓人覺得是「陽春白雪」。所以在暈輪效應中，如果一個人被認為是好的，那麼他就會被「好」的光圈籠罩著，他的所有的一切都是好的；而如果一個人被認為是壞的，那麼他就會被「壞」的光環籠罩著，他所有的一切都會被認為是壞的。

　　在戀愛的暈輪效應中，這種「情人眼裡出西施」的感覺就像月亮的光環一樣，向周圍瀰漫、擴散，一旦認定自己的那個他，就會覺得他是完美的，從而忽視了他身上的缺點。尤其是在熱戀的階段，情人很難在對方身上找到缺點，很難

分辨真實的好與壞。

女人才是愛情的定調者

俗話說：「男追女，隔座山；女追男，隔層紗。」

男人追求女人，要過五關斬六將，歷經艱難險阻，男女關係就如隔了一座大山，需要男人「上刀山下火海」，翻山越嶺。金嶽霖終其一生追求林徽因，最終成了她的藍顏知己；而徐志摩多年瘋狂追求女神林徽因，最終只能「不求結果，不求同行，不求曾經擁有，甚至不求對方愛他」。甚至在動物世界裡，我們也能看到，雄性為了爭奪雌性，打得頭破血流。

而相反的是女人追求男人卻易如反掌，男女之間好似只隔一層紗甚至一層紙，輕輕一捅就破了。就像《何以笙簫默》中，顧漫筆下不漂亮的趙默笙只用了幾個月便追到了法律系的大才子何以琛。當然在現實生活中，女人反過來追求男人，有可能用的時間比趙默笙還要短，一個星期甚至一兩天都有可能。

為何反差會如此大？首先從生理上說，女性選擇男性是十分謹慎的。主要是因為女性需要承擔潛在的生育成本和風險，女人不但要承受懷胎十月的痛苦，還有哺育孩子的責任，而男人則不需要承擔這麼多生育的問題。

除此之外，女人還要付出很大的機會成本。十月懷胎的週期很長，因此女人一旦懷孕，這段時期內就再沒有其他生育機會了，這也是女人一旦選定對象，就不太會變換的原因。因為生育成本很大，需要一個穩定可靠的男人。而男人相對而言，這個成本基本為零，他們追求女人時，往往只是出於本能。

所以在生育之前，女性因為有生育交配權，是主動的，因此當女性追求男性時會少了很多阻力，而男人在追求女人時，就要先付出相應的成本，包括在動物界裡，同樣是雄性動物儘量展現美麗的一面去吸引雌性的青睞。所以才有了「男追女，隔座山；女追男，隔層紗」這一說法。

如果男追女成功了，實際上女性默許的因素很大。根據研究表明，在求愛的過程中，有百分之九十的情況是女性首先發起攻勢。但由於女人比較細膩，總是會通過一系列微妙的眼神、肢體語言和面部表情，向自己中意的男人發出邀請的信號。這就導致了我們常常看到男人主動走近女人，而實際上女人才是最隱秘的愛情定調者。

 ## 真正的大愛是給對方自由

在進入一段戀情的穩定期時，有些人卻似乎患上了相思病，尤其在女性群體中，這種現象更為顯著。發資訊給對

方，若沒有得到回應，就會通過 LINE、臉書私信等各種方式和管道尋求呼應，如果得到了就會很安心；如果得不到就會魂不守舍、心不在焉、悶悶不樂，甚至茶飯不思、坐臥難安，總在想「他是不是不愛我了」。

又或者，單戀某一個人或者表白遭到拒絕以及失戀時，感覺整個人都失去了動力，變得無所適從，有的人甚至還沉迷於醉生夢死之中。

英國心理學家弗蘭克・托裡斯博士認為，由於愛情挫折，會讓有的人出現暫時的癲狂、抑鬱和迷茫，雖然這種症狀經常被渲染上羅曼蒂克的色彩，叫上了一個好聽的名字——「相思病」。聽起來就是一種會讓人傷感的心病。「問世間情為何物，直教人生死相許」，嚴重的相思病甚至有著致命的危險。

當然也有心理學家研究發現，短暫的相思可激發人們作詩抒情的靈感。中華文化上下五千年，多少文人墨客將相思寄在詩詞之中。「還君明珠雙淚垂，恨不相逢未嫁時」、「淚眼問花花不語，亂紅飛過秋千去」、「明月樓高休獨倚，酒入愁腸，化作相思淚」……但是一個人若長時間沉迷於相思之中，不僅會病入膏肓，還會對社會和他人造成影響。

有些人因為相思過度出現幻覺，尤其是單戀者以為對方也在喜歡自己，對對方的行為和舉動產生了誤解，甚至會因愛生恨，最終釀成不可挽回的大錯。

相思自古就有，梁祝二人經不住相思之苦，羽化成蝶，

雙雙飛舞的傳說故事早就道盡相思之痛。在現代生活中，單相思常常使人陷入極其難堪、苦悶和煩惱的境地，不僅影響學業、事業，而且影響身心健康。那麼如果真的患上了相思症，該怎麼辦呢？

俗話說，強扭的瓜不甜。尤其對於愛情來說，是萬萬不能強求的，更不能去乞求。即使得到了，也不是真心實意的，最終還是會出現問題。不適合自己的、不屬於自己的就不要去強求，這樣只會使自己鬱鬱寡歡，甚至有可能失去理智。愛一個人，並不一定非要在一起。認清了這一點，勇於接受現實的殘酷考驗，走出相思，也不是一件難事。

「喜歡是放肆，愛是克制」，真正的大愛，並不是佔有，而是給對方自由。對於患有相思病的人來說，不如出去散散步、旅旅遊，看看外面的世界遠比你拘泥在自己情感小世界裡要開闊許多。此外，強大的胸懷之中必然有一個驕傲的自我，愛人先愛己。學會自尊自愛，學會把握自己，認認真真地過好屬於自己的每一天，充實自己的生活，這才是自己需要做的事情。

初戀總是讓人難以忘懷

「人生若只如初見」，相信不少人讀到這句話時，腦海裡浮現的是自己的初戀及初戀情人。初戀，真是令人難以忘

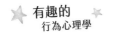
懷！

　　每個人的心中，都有很多個令人印象深刻的「第一次」。比如第一次獨自外出旅遊、第一次坐長途火車、第一次寄宿住校……初戀更是令人刻骨銘心。凡是第一次接觸的事物，從無到有，慢慢一步步摸索、體會、反思、回憶……初戀是獨一無二的特殊存在。那種情竇初開的怦然心動，那種嘗盡酸甜苦辣、悲喜交替的感情初體驗，彷彿打開了情感新世界的大門。紛繁複雜的感情紛湧而來，能夠令人喜極而泣，也能讓人沉醉於此，癡情成狂。

　　初戀明顯不同於之後的任何戀愛，是因為戀愛也如同任何事情一樣，第一次的體驗是最深刻的。再經歷一次戀愛時，人們已經熟悉了戀愛的整個流程，經歷過每個流程帶來的奇妙感受，很容易覺得淡然無味，這也會讓有些人產生「喜新厭舊」的心理。

　　心理學上把這種現象稱為「幸福遞減定律」，比如饑餓的人吃第一口饅頭時，會覺得很香甜。當他再次吃到饅頭時，雖然還是那個味道，但在心理上卻少了那種欣喜和滿足。人們所追加和重複獲得的事物，會在不同的時間內有不同的感受，而這種獲得物品的幸福感會隨著物質條件的改善而不斷降低。

　　戀愛也是如此，第一次戀愛所經歷的種種，往往可以回味一生。經歷第二次戀愛甚至更多戀愛的時候，雖然經歷的事情還是一樣的，還是鮮花、電影和各種浪漫，還是有人可

以噓寒問暖，有人陪伴，但是卻少了第一次初戀時候的那種感覺。心理學家解釋說，這有可能是人們在初戀過後，擁有了戀愛的心理抗體，變得有些麻木。不再擁有初戀時雙目對視間臉紅的感覺；也不再能夠體會到第一次牽手時雙手冒汗的緊張；那種第一次兩個無關的人由於戀愛的關係，變得親密無間的特殊情感已經不再強烈；而那種第一次失戀的分離、不習慣和痛苦，在以後也無法體會得如此深刻。

同時，心理學上有一個「契可尼效應」，指人們對於尚未處理完的事情，比已處理完成的事情印象更加深刻，對於沒有完成的事情總是念念不忘，比如對於想去旅遊的地方總是查看網頁、圖片。因此這些最終沒有一起走到終點的初戀，往往也是人們心中不可企及的念想。

初戀的可貴還在於它總是那麼單純而美好。第一次投入熱戀的青年男女，很少去計較現實的情況，比如家庭背景是否門當戶對，對方是否能夠百分之百地對自己好，反而只想著為對方付出，那是戀愛雙方全身心的投入。隨著年齡的增長，人變得越來越現實，也越來越複雜，因此更加能夠體現出初戀感情的純真。那種由於青春期時對異性的好奇而產生的本能反應，往往是最真誠可貴的。

對於很多人而言，初戀只是深深地埋藏在心底，不再去觸碰，但卻是無時無刻不存在的。當現實的牽絆越來越多，無論是男人還是女人，都會將這份抹不掉的記憶變成一個美好的童話。

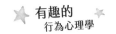
 # 眉目真的能傳情嗎

　　眼睛是心靈的窗戶，人的很多情感都是由眼睛傳達出來的，於是美妙的愛情在眼神交會的一瞬間產生了。

　　據《科學美國人》雜誌報導的調查顯示，如果一對男女對視不超過一秒鐘，那麼說明他們之間沒有好感，互相看不上眼；如果他們能夠對視二秒鐘，說明還是存在一點點好感；而如果雙方能夠對視三秒鐘，就表明兩人可能已經暗生情愫；而能夠對視四秒鐘的，表明他們彼此之間感情深厚；那麼能夠對視五秒及其以上的兩人，則已經產生愛戀，可以進入婚姻殿堂了。由此可見，眉目傳情是體會彼此感情的好方法。

　　眉目傳情如果運用得好，在適當的時候通過眼神流露出自己的自然情感，有時候會比寫一百封情書還管用。韓劇以愛情劇著稱，幾乎每一部韓劇都會有那麼一個個溫情場景：男女主角解除誤會，激動地尋找對方，最後在街頭偶遇，含情脈脈地對視著。彷彿什麼話都不用說，誤會也不用解釋，一切情感恩愛都在眼裡，你我都明瞭在心。

　　從心理學上說，眉目傳情確實是存在的。「一段傷春，都在眉間」，心理學家研究發現眉毛有著二十多種的動態，分別表示不同的感情。比如「柳眉倒豎」是憤怒的心理，

「橫眉冷對」是冷傲的輕蔑，「低眉順眼」則是順從的心理。
眉毛的一降一揚都在傳遞著內心的波動和表達著內心的情
感。一個深皺眉頭的人是糾結的，雙眉上揚則有可能是遇到
了什麼驚訝的事情。而對於眼睛來說，瞳孔也能夠表情傳
意。比如當看到喜歡的人時，人們的瞳孔會擴大，這時候是
興奮、開心的；而當不開心的時候，人們的瞳孔會收縮。而
根據研究，當情侶們深情凝視時，會不知不覺地將瞳孔擴大
到原來的三倍。

如果你想看看對方是不是對你有意思、有感情，可以觀
察他的瞳孔是否因為內心情感的波動而擴張。而在燈光微暗
的地方，人們的瞳孔往往會不由自主地擴大，因此在燈光朦
朧的地方，經常會給人一種「他喜歡我」的錯覺，有時候也
能夠促使彼此有意的兩個人成就一段刻骨銘心的愛情。

通過眉目的深情對視，能夠增強彼此間的親密感，所以
在示愛的時候，我們也可以適當地學會用眼神去表達。盈盈
一水間，脈脈不得語。在恰如其分的時刻，深深地凝望對方
的雙眼，自信坦然，用眼睛告訴對方你愛他。

為何只說兩段戀愛史

張小嫻有條箴言是這樣說的：「任何時候，任何人問你
有過多少次戀愛，答案是兩次。一次是他愛我，我不愛他；

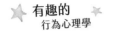

一次是我愛他，他不愛我。」

如此精妙的回答，自然很有道理。男人都希望自己是女人的第一個愛人，而女人卻希望自己是男人的最後一個愛人。很多人在交往的過程中，逐漸熟悉之後，往往會忍不住詢問對方：「你談過幾次戀愛？」「你有過幾個戀人？」「你們為什麼要分手？」「能不能跟我說說你們的發展經歷？」

不僅愛八卦的女人喜歡問男人這樣的話，男人也十分渴望瞭解女人以前的經歷。這是為什麼？從心理學上看，這是源於一種強烈的個人佔有慾，這種渴望在男性身上表現得尤其明顯。

對於男性來說，強烈的佔有慾是主要因素。因為作為男性而言，佔有是他們潛意識的一個重要部分，他們往往更加具有戰鬥力和掠奪性。因此男人不但要佔有女人的現在和未來，還想佔有她的過去。所以即使是相當大度的男人，也會圍著自己的女朋友問個不停。女性往往比較羞澀，不願意提起以往的經歷，同時也明白越跟男人說自己以前的經歷，越容易激起男人的憤怒和火氣，所以她們往往會閉口不談，或者將自己戀愛的次數大大降低，所以也有人誇張地描述：「女人的戀人數目需要乘以三才是實際數目。」

對於女性來說，瞭解男人的過去是十分必要的，可以只是作為一種樂趣，像聽故事一樣。然而男性卻意外地總是願意提起這些事情，甚至不怕女性有可能因此吃醋，或給自己招惹麻煩，他們往往誇耀似的把自己的戀愛經歷誇張化，往

多裡說。這是因為女性往往對以前的感情經歷比較放得開，認為過去了就過去了，早就不重要了，好好珍惜現在和將來的生活才是最重要最實際的。這樣看來，男性相比女性更有可能陷入自己對象究竟談過幾次戀愛這種糾結的漩渦中，因為他們往往會在潛意識裡認為這關係到男子漢大丈夫的尊嚴。因此也有人對此現象調侃道：「把男人所說的戀愛次數除以三才是真實的戀愛次數。」

張小嫻的話確實說得特別好，在戀愛和愛情之中，分手了感情結束了，無非就是這兩種理由：他愛我，我不愛他，所以我提出了分手；我愛他，他卻不愛我，他提出了分手，結束後那就沒有交集和後來的故事了。所以只說這兩段戀愛史，確實也是在情理之中。

不過愛情的確是需要坦白、推心置腹和相互瞭解的，這樣的互相信任能夠消除潛在的隱患，不用在編造的謊言中一遍又一遍地圓謊。「好的愛情永遠在下一次。別給同一個人兩次傷害你的機會。」張小嫻接著說道。其實應該坦誠看待自己的戀愛經歷，多少次戀愛事實上都無所謂，只要還有一顆不變的愛人之心，珍惜現在的感情，還是一樣會擁有美好的愛情的。

「心有靈犀」是怎麼回事

聽說如果兩人真心相愛，會產生神奇的心電感應。我們經常在一些悲情的電視劇中看到，多數人認為心靈感應確實存在，他們認為人們擁有將某些資訊通過神奇的途徑，悄悄傳到另一個人的心中的能力。最近，科學家們對大腦進行了新的研究，他們認為真心相愛的情侶確實能夠感受到、並分擔彼此的痛苦。倫敦大學以塔妮亞博士為首的科研隊伍，通過腦電波感應電極對十六對情侶志願者進行了一系列實驗。科學家們興奮地發現，當男方的某些部位在承受痛苦的刺激時，女方相應的部位竟然也有反應。

然而，現在還不能僅僅憑藉塔妮亞博士的研究來科學地解釋心電感應的現象，也不能對心電感應如何傳遞進行解釋。當前，心電感應被歸為形而上學的玄學領域，通常出現在歷史傳說、虛構的影視作品之中。對於心電感應的現象，科學的探索和研究仍然在繼續。

沒有吵過架就不是真愛

「相愛相殺」，愛情裡不光有電光石火般的激情，還有

驚天動地的吵架。「打是親，罵是愛，沒有吵過架不是真愛！」甚至有人說，如果你想和一個人在一起過一輩子，至少要看看他吵架的樣子。那麼人們為什麼在愛情裡那麼容易吵架呢？

在戀愛的過程中，大部分情侶吵架過後，都能夠促進雙方的瞭解，能夠推進感情。因為吵架也是一種別樣的溝通方式，戀愛的雙方可以通過吵架把委屈、憤怒、傷心、不甘等情緒宣洩出來，以拿愛人出氣的這種略激烈的方式來告訴對方自己內心最真實的想法和感受，企圖讓對方更加瞭解你、認識你，以不斷調整你們之間的關係，使得雙方間的感情更加親密無間。這種吵架只會讓你們更愛對方，因為通過吵架你們可以更加瞭解對方，瞭解他內心最真實的需要，有效地加快雙方之間的磨合，改善雙方的關係。

所以有時候吵架是必需的，甚至是利大於弊，所以對於吵架應該客觀看待，不用那麼害怕擔心。有時候看似平靜的感情下面，實際上波濤暗湧，總有一天會不受控制，更加不利於雙方之間的磨合和關係的改善。

但是吵架的時候要注意場合和情緒的控制，比如不要在熟悉的人面前甩臉色吵架，尤其不要在雙方父母和朋友面前吵架，否則以後會很難堪，覆水難收，不好收場。選擇一個僻靜或者私人的空間，兩個人無論怎麼吵都不會影響別人，等吵完了、鬧完了還可以甜甜蜜蜜的。

同時在吵架的時候也要注意情緒的控制，不要使用暴力

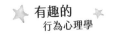
手段，不要無緣無故地不停爭吵，不善罷甘休的氣勢只會讓人更生氣。發脾氣也要有理由。吵架不同於往日無理取鬧的小撒嬌，應該根據實際情況把事情講出來，即使是以比較激烈的方式。而且吵架最好是一下子吵完，不要動不動拖上好幾天，這樣子的冷戰反而不利於兩個人關係的緩和和問題的解決。

而且我們常常會發現，有時候吵架並不是因為對方做錯了什麼大事，而是由於你自己不安或者情緒不穩定，一看到一些雞毛蒜皮的小事，就想用爆發的脾氣來表達這種不安。因為是愛人，所以你會覺得發這種脾氣是安全的，因為你在潛意識裡會認為無論你怎麼樣鬧，他都不會離開你。越是親近的人，越容易受到傷害大概就是在於此吧。

 ## 被愛有時是一種甜蜜的苦惱

被人追求有時候是一種甜蜜的苦惱。對於十分優秀的人來說，經常要百般苦惱地處理「如何拒絕不該來的愛」。比如畢業季時，幾乎每個學校都有畢業生趁著畢業前夕來到女神宿舍樓下表白，甚至求婚。當然，結果並不都是圓滿的，表白的主角並非都是很樂意的，於是網路上出現了一個新的詞語來表達女主角的心理活動──十動然拒，也就是十分感動，然後拒絕了這種表白。

　　如何處理這種令人哭笑不得的苦惱令人十分頭疼，如果直接拒絕顯得太冷血，而且也不一定能讓對方死心，反而有可能更加激起對方的征服慾；而如果溫和地跟對方講清楚自己的想法，勸慰對方，也未必就能讓對方徹底死心。

　　那麼到底該怎麼樣拒絕別人的追求呢？對於普通同學的追求和告白，首先可以表現出一份感激之情，感謝他對自己的認可和喜歡。因為任何一種表白都是需要勇氣的，對於勇敢地邁出了那一步的人應該給予表揚和肯定。但是這裡需要抱歉地告訴他，是不是因為給了他不好的信號和回應，導致他認為自己對他也是有意的。相信通過對表白的人的充分尊重和理解，他們會更好地接受這種善意的拒絕。

　　而如果是非常熟悉的異性朋友呢？如果不想失去這位可貴的朋友，不想在今後的日子裡形同陌路，想要維持好關係，可以通過真誠的歉意來表示不能接受他的告白。因為自己確實只是把他當作一個很好的朋友來看待，並沒有產生男女之情。如果他能夠理解和接受，那麼這份友誼可能還能長存；反之，則有可能因為傷了自尊心而「老死不相往來」了。

　　在拒絕不該來的愛時，不僅要考慮到直接拒絕可能比較傷人，考慮到告白者強烈的自尊心，還要考慮到能夠有效地拒絕別人，不能收了別人的花再在轉身的時候扔進垃圾桶。有時候通過恰當的方式向對方坦承自己的內心想法，比如有喜歡的人了，然後不接受他的花，可能會比較好一些。

 # 男人心裡始終有個完美的夢中情人

　　古烈治是一位西方國家的總統，有一天，他和夫人科尼基一起去參觀一家養雞舍。夫人看見有一隻公雞在母雞身上，就突發奇想地問陪同的農場主：「你能否告訴我，這公雞一天要在母雞身上盡多少次『丈夫』的責任？」農場主回答道：「每時每刻都盡責，一日十餘次。」夫人一聽就說：「請你把結論告訴總統。」農場主過去給總統剛一說完，總統問道：「每次都在同一隻母雞身上盡責任嗎？」農場主回答：「次次更換伴侶。」於是總統說：「請把結論轉告給夫人。」

　　起初，古烈治的故事只是用來說明男女思維的差異，男女都有自己思考問題的角度。後來，這個故事演變出了男人喜歡見異思遷、喜新厭舊的著名心理學效應。雄性的這種習慣性見異思遷地換對象的傾向被稱為「古烈治效應」。

　　在當今社會，無論是婚外情還是婚外戀，婚姻出軌似乎已經成為一種司空見慣的社會現象。在圍城裡的人總是想逃出來，在圍城外面的人總是想進去。婚姻到底是幸福的還是不幸的？而喜新厭舊，似乎是人的天性。

　　新鮮感可以觸發本能的衝動，不僅是動物的本能，也是作為高等動物的人類所具有的自然屬性的本能。隨著時間的慢慢推移，戀人之間由陌生到熟悉，那種原始的新鮮感慢慢

消失，似乎戀人之間的所謂魅力已不復存在。「愛情不在了，卻轉換為親情」，不得不說這也是「喜新厭舊」的本能表現。

而在愛情方面，人們總是會嚮往那達不到的地方，得不到的東西永遠是最好的。

「也許每一個男子全都有過這樣的兩個女人，至少兩個。娶了紅玫瑰，久而久之，紅的變了牆上的一抹蚊子血，白的還是『床前明月光』；娶了白玫瑰，白的便是衣服上的一粒飯粒子，紅的卻是心口上的一顆朱砂痣。」張愛玲早已參透男人們「吃不到葡萄說葡萄酸」的渴望心理，男人心裡始終有一個完美的夢中情人。

與其不捨，不如放下

曾經有一位心理學家做過這樣一個實驗：將一百三十八位年輕人分成兩半，但都做著同一件事情，其中一半人在他們做到一半的時候讓他們停止，而讓另外一半人堅持把事情做完。幾小時後，心理學家發現，那一半中途停止的人對沒完成的事情還是耿耿於懷，心有不甘。

看，人們是多麼不會「拿得起放得下」呀！人們面對想做而又沒有完成的事情時，如果遭遇了阻力不能繼續做下去，那麼就會對這件事情念念不忘。甚至有的人會被這種執

念所困擾,產生一種過度的慾望,極有可能走向一種極端,不顧客觀的條件和自身的能力一味地硬幹下去,以致走入死胡同,最終因為這種小事使自己陷入糾結和反覆中,耽誤很多事情。

對待愛情也是如此,有的人很偏執,死死抓住一個人念念不忘,死死抓住一段已失去的戀情不放手。比如有的人分手了、失戀了,但是卻接受不了失戀的痛苦和對方的背叛,反而愛極生恨,以致採取極端行為,自己也鋃鐺入獄,最終造成兩敗俱傷的後果。這就是被愛情沖昏了頭腦,拿得起卻放不下。

愛情總是分分合合,有熱戀開始的真切和甜蜜,但也有失戀不捨、痛苦的隱患。對於愛戀中的種種,如果因不合適而分開,對雙方而言反而是好事。與其痛苦地折磨雙方,還不如早些放手,給雙方以自由。對於過去了的人和物,就應該懂得放下。如果太執著,作繭自縛的就會是自己,變成死都不肯丟下那一粒花生的「蜘蛛猴」。

亞馬孫流域的原始深林中,有一種猴子酷似蜘蛛,個頭很小,四肢又細又長,頭部又小又圓,長得乖巧可愛,叫作蜘蛛猴。多年來,人們一直想捕捉這種猴子,但是它們生活在密林中最高的樹上,一般不到地面上來活動。於是有一位當地的土著想出了一個十分簡單的捕捉辦法。

他在一個小小的透明玻璃瓶裡裝一粒花生,放到樹下。當獵人離開後,蜘蛛猴就會從樹上爬下,把手伸進瓶裡抓住

花生。但是一旦握住花生，猴子的拳頭就會變大，手就拔不出瓶口了，再也無法逃到樹上，於是蜘蛛猴就成了獵物。獵人把它帶回家後，發現這隻蜘蛛猴還是死死地攢著瓶裡的花生不放手，可它不知道正是因為不捨得丟下那一粒花生，它將要面臨失去自由的代價。

蜘蛛猴的故事在告訴那些偏執的人，如果不懂得放下，你失去的有可能會更多。對於一個人來講，你有可能只談一次戀愛，也有可能需要談數次戀愛才能獲得最終的幸福，因此只有懂得放下，才能擺脫舊傷，重獲新生，才能掌握命運。

人一生要走的路是漫長的，學會放下，才能騰出更大的空間和時間去面對新的人和新的情。做一個拿得起放得下、伸縮有度、遊刃有餘的人，才會有更多的精力和時間去把生活過得五彩繽紛；而一個不顧一切、拘泥於以前戀情的人，會活得緊張、狹隘、痛苦。永遠不想放下的人，是不能承受生命之重的。這樣的人就不可能遇到新的人、新的戀情、新的收穫和新的體驗。

那些痛苦的情緒和不愉快的記憶充斥在心裡，會變得更加痛苦和狹隘，人很容易因此而故步自封。因此懂得放下的道理，好好地睡一覺，第二天起來你也許就會遇到對的人，這樣才能收穫真正快樂的人生和愛情！

# 眼淚絕對是打動男人的法寶

女人的嬌羞和眼淚，絕對是令男人憐惜到心底的法寶。

人一出生就會哭。嬰孩時期，還沒有語言能力的嬰兒，可以通過晶瑩剔透的眼淚和大聲的哭喊來述說內心的渴望。心理學家認為，嬰兒哀叫的哭聲往往能讓大人產生憐愛以及想要保護的情感。

哭是人類的一種本能反應和情感反應，但是在後天的成長中，人們越來越不能夠接受自己還需要哭來表達訴求的這一現象和本能。很多人認為，為了得到某一樣東西而哭是一種懦弱的表現。因此即使十分難過、傷心，很多人也會選擇強忍，不想自己在別人面前流淚，尤其是男性。但是對於感性的女人而言，哭似乎是她們的秘密武器，她們經常通過哭來表達自己。比如委屈時雙眼會噙滿眼淚，開心時喜極而泣也會大哭大笑，人們似乎很能接受「女人愛哭」這一現象。

在愛情裡，女人用哭來表達自己天生脆弱，需要保護，這是一種「示弱」的表現。在感情生活中，向對方示弱，以柔化剛，何嘗不是一種別樣的選擇。

在南美熱帶雨林中，有些公猴通過激烈的打鬥獲得猴王的寶座後，便不想再打鬥了。但是往往有很多公猴會來向猴王挑戰，猴王為了避免打鬥，就會迅速地從母猴的懷中搶下一隻幼猴抱在懷中親暱。而前來挑戰的公猴一看到猴王懷中

的幼猴，就訕訕地走開了，因為一旦打鬥起來，肯定會傷到幼猴。猴王沒有直接地接受或拒絕挑戰，而是通過示弱的方式讓對手看到自己的想法，並保住了自己的猴王地位。

在感情裡，尤其是女人，如果太過於要強，反而會讓男人覺得咄咄逼人；太聰明而獨立的女性會讓男人感覺不到溫情和浪漫。這樣的女人往往有著過於強大的自尊心，在愛人面前也不例外。一旦產生矛盾，就會互不相讓，斤斤計較，這樣的女人往往會讓男人覺得很累。女人的嬌羞和眼淚，絕對是令男人憐惜到心底的法寶。

「鐵娘子」柴契爾夫人與丈夫相處的故事家喻戶曉。有一天，擔任英國首相的柴契爾夫人參加完典禮回到家，「叩叩」地敲著門，正在廚房忙碌的柴契爾先生喊道：「誰啊？」「英國首相柴契爾夫人」，柴契爾夫人隨口回答。結果等了半天，沒有人來開門也沒有聲音回應。這時候柴契爾夫人才回過神來，於是她清了清嗓子，溫柔地說：「親愛的，開門吧，我是你的太太。」這時候柴契爾先生才回應了一聲「來了」，開了門之後柴契爾夫人還贏得丈夫的一個熱烈擁抱。

可見，強大的心理攻勢很多時候並不能讓人們做出讓步。反而適度的示弱，能夠博得人們的諒解和同情。這也是為什麼低聲道歉更能夠獲得人們的原諒。而在兩性生活中，作為女人在「哭」上享受種種絕對的特權，聰明智慧的女人會在適當的時候選擇默默流淚，這樣不僅能夠發洩自己的委屈情緒，還能夠打動男人的心，獲得他們的信任。

在平常的吵架中，如果不再針鋒相對，互相低頭，或許能夠使瀕臨危險邊緣的感情轉危為安。因為示弱也是一種選擇。

受傷是有些愛情必然經歷的過程

失戀總是痛苦的。從生理上解釋，是因為當初戀愛時非常活躍的多巴胺被抑制住了，於是人們開始產生絕望的情緒。這種情緒逐漸蔓延擴散，容易使人變得悲觀消極，對生活失去動力和信心。於是很多人選擇把這段感情、這段傷深深地埋藏在內心深處，不再觸碰。

都說愛情的第一堂課就是要學會受傷，因為愛情的本質本來就是危險無情的。在愛情裡，會出現相互吸引的喜悅，同樣也會出現不得不分離的悲傷。對於失戀者而言，需要遺忘曾經戀過的那個人、戀過的那些事，讓時間來沖淡一切傷痛，讓自己走出失戀的迷霧，逐漸面對現實，這樣才能重拾自己，重新開始。

然而隨著時間的流逝真的能夠忘掉曾經的所有嗎？大概很多人都做不到。雖然理想和現實總是在打架，人們總是在不斷地受傷害。雖然人們在不斷地嘗試忘記，但是完全忘記是根本不可能的。我們聰明而誠實的大腦，早已經老老實實地將這一切記錄在案，長長久久地儲存在了記憶裡。過了很

多年，很多事情好像我們都已經不記得了，可是實際上它卻從未離開過你的身體，甚至已經成為你身體的一部分。

當你在遇到類似的人或情景或事情時，你有可能會再次想起他/她，想起曾經經歷過的那些事；而如果你沒有碰到那些相似的人或事，你就處在似乎早已經忘記的狀態，比如一個完完全全陌生的人與你擦肩而過，你都不會瞟他一眼，也不會在心裡泛起漣漪。

但是對於失戀以及之前的戀愛和戀人，我們應該學會面對現實。感情路上的分分合合所帶來的痛苦在所難免，受傷是愛情必然經歷的過程，忘記也罷，記得也罷，終究是要多摔幾次，才能夠賞盡愛情路上的絢麗風景。

「一網情深」真的有嗎

網路全球化帶來的便捷，讓我們可以隨時隨地上網，瞭解各地的資訊更新；也可以在網路平臺上結交來自世界各地的網友。而有些人由此「一網情深」，發展出了網戀。

網戀的群體大致可以分為以下三種：一是隱藏了真實的身分，偷偷地在網上談起另一種戀愛的人，比如對現實婚姻不滿的已婚人士。二是在現實生活中不能光明正大談戀愛的人，比如情竇初開的學生，他們在學校老師限制早戀，在家裡家長時時看著不讓隨意出門遊蕩。三是在現實生活中沒有

勇氣談戀愛的人，他們有可能是戀愛的失意者或者是暗戀者，他們渴望愛情，卻又自怨自艾，滿懷自卑轉戰虛擬的網路。

　　固然有成功發展到現實生活中組成美滿家庭的網戀存在，但是如果一味地沉迷於網路中的愛情，只說不做，慢慢發展便會成為一種病態。如果不能從病態的網戀中掙脫出來，沉浸於此不能自拔，那麼後果可想而知。

　　為什麼有些人會沉迷於網戀無法自拔？那是因為他們在現實生活中不敢去追求自己內心中理想的人。他們有的害怕付出，擔心自己放下自尊的追求會沒有結果；而有些人害怕受到拒絕，他們認為自己一無是處，配不上別人，也不知道如何去改變自己，只是放縱自己沉入網路的汪洋大海中，去尋找那虛擬的一根救命稻草。因為網路是一個虛擬的世界，在那個世界裡，他可以變成另外一個人，自信、富足、健談，很容易交到另一端的網路女友。

　　現實中人際關係不理想或自己周圍的人際交往資源不能滿足自身的需要，是沉迷於網戀的主要因素，同時網戀帶來的便捷和簡單，也使沉迷於網戀的人越來越採用消極迴避的態度來面對現實生活中的戀愛。因此當他們待在網上的時間越長，就會越來越習慣網戀，而不願意把時間和精力花在現實生活中的戀愛上。

　　當然，沉迷於網戀也不僅僅是人們不願意在現實世界中付出感情、金錢和時間，也是缺乏安全感的一種表現。這種

人把自己變成了套中人，只願意相信網上的人，只願意向網路中的人敞開心扉，慢慢地甚至不再願意接觸身邊的人和事，脫離了真實的世界。這是一件比較可怕的事情，沉迷於網戀的人應該多走出來看看真實的世界，接觸身邊的人，擴大自己的交際圈，讓自己變得真實、勇敢、自信起來，這才是一個人活著的真正意義。

閃婚，一個大膽的風險投資

有的人披荊斬棘，跋山涉水，通過數年的馬拉松式的愛情長跑，才決定步入婚姻的殿堂；而有的人一見鍾情，一個月甚至一個星期之內就閃電般地結了婚，完成了「閃婚」。無論是哪種方式，都有得有失：有堅持下來一起白頭到老的；也有半路分家，一夜之間形同陌路的。我們不能說，閃婚就一定是不可靠的。在我們的潛意識裡，一見鍾情的感情，往往是建立在雙方沒有長期接觸的不穩固基礎上的，彼此間的相互瞭解還不夠深入，這樣的閃婚過於草率很容易因不適合而離婚。然而有些閃婚並不是一見鍾情那麼簡單。

在這樣一個快節奏的速食時代，閃婚並不少見，甚至還出現了所謂的「閃婚族」，他們宣稱兩小時內就可以確定終身伴侶。這種愛情速配的背後，除了雙方一見鍾情的滿意和心動之外，更是對安全感和家庭的穩定追求。

　　對於一些男性或女性來講，結婚是一個固定雙方關係的事情，結婚代表的是對這段感情的認真程度。「不以結婚為目的的戀愛就是耍流氓」，既然認定了那個人，就應該接受他的優點和缺點。他們不喜歡花很長的時間來接觸、瞭解一個人，並在漫長的時光中經歷摩擦和分別，而且「長跑愛情」危險係數太高，稍有不慎兩人便會勞燕分飛，不歡而散，認為這樣會很浪費時間。

　　而閃婚的人中也不乏那些為了逃避孤單、寂寞的人，他們為了不再孤獨，急迫地想要找另一個人來跟他們一起分享快樂和痛苦。他們或者經歷了種種感情創傷，不想再進行長時間的戀愛，或者想要加快戀愛的節奏，甚至想要跳過戀愛這個讓他們覺得痛苦的步驟。

　　而在相親盛行的時代裡，閃婚有時候也是為了應付家裡的催促。看到一個令自己心動的人，人們很容易就陷入戀愛之中。這時候不僅是他們自己，還有他們身後的家庭也開始策劃結婚的事情。於是他們很快就步入了婚姻的殿堂。因為互相介紹的人先根據他們的家庭情況、性格、外貌等進行了一定程度的篩選和匹配，才讓他們見面，所以相親的人也很容易閃婚。

　　當然閃婚無疑是一個大膽的風險投資，它將自己一生的幸福投資到短時間所做出的抉擇裡。在這場婚姻的賭博中，不是每一個人都是幸運的。所以在閃婚之前，也應該慎重想想自己是否做好了心理準備來迎接這場成本巨大的冒險，是

否能夠接受這場賭博帶來的最壞結果。

要閃婚，也要擦亮眼睛。

 ## 紅顏、藍顏之情在於「懂你」

在心理學中有一個著名的「異性相吸」理論。在生活中，我們不可避免地和異性接觸和交往，和異性相處更能發揮出自己的優勢，比如「男女搭配，幹活不累」。因此通常的情況下，男人和女人有了心事，也會選擇向異性訴說，也就有了所謂的紅顏知己和藍顏知己。

我們都知道，紅顏用來指女性，因此紅顏知己指的是男人的傾訴對象；而取其反義類推出女人的傾訴對象則是藍顏知己。紅顏知己和藍顏知己有點類似我們今天所說的「女閨密」和「男閨密」。他們大多在人們傷心難過、無人傾聽的時候出現，可以讓人們用言語發洩出自己內心的情緒；他們大多溫柔體貼、善良安靜地陪伴在人們的身邊，靜靜地傾聽人們訴說。

為什麼人們不選擇向家人或朋友甚至戀人傾訴，而願意跟紅顏知己和藍顏知己說心裡話呢？從心理學的角度來說，一方面是因為異性相吸原理，另一方面是心理認同感。

在陌生人面前或者在不同的群體面前，人們更能夠吐露心聲，無拘無束地發洩出內心的委屈、不滿甚至怨恨，能夠

得到在同性面前傾訴所得不到的安慰。因此，紅顏知己和藍顏知己能夠在生活中幫助人們放鬆心理的戒備，不必考慮自己說出去的話會不會被議論和洩露，能得到安全的心理環境。異性相吸帶來的也是異性相惜，人們能夠互相體諒和理解，這是難能可貴的。

　　然而一般來說紅顏知己和藍顏知己與自己有著較多的相似度。相似的人適合互相歡鬧，互補的人適合一起變老。相似的人有著許多共同愛好，喜歡看同一部電影，喜歡某幾個作家，喜歡一起攝影，甚至喜歡喝一樣的咖啡。當戀人不能理解自己時，在紅顏知己或藍顏知己那裡容易找到共同點，能夠互相瞭解，互相傾聽對方的心聲，得到更多的慰藉。因此當受傷的男人和女人分別向紅顏知己或藍顏知己傾訴時，可以獲得滿足兩性感情的彌散性需求，使他們獲得更多的心理滿足感，重新燃起對生活和工作的熱情。

　　與紅顏知己或藍顏知己之間的感情，是與戀人之間不一樣的感情。戀人之間的感情是愛情，而與紅顏或藍顏之間的感情更多在於——「懂你」。因此這也是一份源自思想共鳴的情感，它能撫慰人們受傷的心靈，是一種在情慾之愛之外的更深層次的情感，它能帶有誠摯的感動和歡欣。「蒹葭蒼蒼，白露為霜，所謂伊人，在水一方」。遇到紅顏知己或藍顏知己，是一種可遇而不可求的機緣，但是應該知道，這樣的知己應恪守作為朋友的界限和距離，如此才能親密、誠摯、默契。

8
CHAPTER

夢原來是你
內心深處的世界

# 夢境，內心深處的真實表達

　　自人類誕生以來，睡眠是我們必不可少的一種生理現象。人類三分之一的時間都消耗在睡覺上，而夢也成為我們生活的一部分。有些人說「我從來都不做夢」，事實上沒有人不做夢，只是做了夢沒有意識到而已。

　　你明天早上要參加一個演講比賽，你想獲得第一名並拿到豐厚的獎金，那麼晚上你有可能夢見你順利流暢地完成了演講，並獲得到了雷鳴般的掌聲和歡呼聲，獲得了第一名，贏得了獎盃和五萬元的獎金。當然你也有可能會夢到第二天早上你睡過了頭，醒來發現自己竟然要遲到了，於是慌慌張張地出門。來到後臺時，你發現忘記拿演講稿了，著急地回想自己的演講內容，上臺的時候還不小心絆了一跤，差點摔倒。終於，在夢裡你磕磕絆絆地演講完了，下臺時你很懊惱沒有發揮出自己應有的水準，一不留神踩空了……然後你被驚醒了，發現幸好只是夢。

　　「日有所思，夜有所夢」，夢境折射出人類內心的渴望、恐懼、擔心和害怕。夢見獲得演講比賽的第一名和獎金，是對自己有自信，也表現出內心對獎盃和獎金的渴望；而夢見自己頻頻出現失誤，以致被自己內心的擔憂驚醒，是因為比賽前對各種失誤如遲到、忘詞以及失敗等存在擔心，這種賽前的緊張和憂慮呈現在夢境裡，嚴重的時候還有可能

會導致你徹夜失眠。心理學家鼻祖奧地利精神病醫生佛洛依德認為，人類的夢是具有一定的現實意義的，是人類潛意識的一種非凡體現，是願望的滿足。佛洛依德認為夢是可以被解釋的，從心理學上看，夢產生的動力是內心潛意識的凝縮、移置、潤飾。

　　愛做夢的我們往往會發現，在夢裡很多東西是被集中化或者跨時空化的，比如做夢的時候我們可以從一個地方快速地出現在另一個地方，時間也可能經歷幾天甚至幾年、幾十年以上，有些人還會夢見自己穿越了，從現代穿越到古代，然後又回到現代；或者很多不相關的人和事被奇怪地聚集在一起，並且一起跨時空做了很多事情，這就是凝縮。移置是指夢境是我們內心潛在意識的一種表現，有時候我們夢見以前發生過的事情，或者夢見正在發生、經歷的事情，又或是夢見即將發生甚至沒有發生過的事情，而這些事情有可能都存在於我們內心深處，一到晚上睡覺的時候就以夢的形式洶湧而出。比如最近即將進行個人業績的考核，而你這個月表現不好，在夢裡你有可能一直被別人追或者一直在逃亡。而夢境裡面發生的事情，無一例外地都誇張化、神秘化或者脫離現實，顯得虛幻且神秘，看似真實實際卻是對現實生活戲劇化的體現，這就是夢對潛意識的潤飾和突出的表現，它使這些意識漸漸清晰地浮現出來。

　　佛洛依德認為夢可以分為顯夢和隱夢，近期發生的、無關緊要的事情產生的無意識刺激而發生的夢是顯夢，比如最

近看的電影片段、小說，今晚不好吃的飯菜和偶遇的貓咪，都有可能重現在你的夢中。而各種白天工作和學習的壓力，或者自身克制的某些想法，在夜間意識鬆懈之後表現出來的潛意識是隱夢。隱夢中，夢境是根據你在潛意識裡面的記憶碎片組成的，有可能是內心最真實的體現。所以說夢境可以揭示我們內心深處的真實表達，直接抵達我們的內心深處，窺探我們的秘密。

夢話，最真實的心聲

「你知道嗎，你昨晚說夢話了。」一早，習慣熬夜的小菲就跟小華提及這件事情。平時，小華也會說些夢話，不過都是很簡短的「唔」、「唉」、「嗯嗯……」之類無意義的語氣詞。可是昨天晚上，子夜一點左右，小華竟然大聲地背起一首詩。小菲以為小華還沒睡著，輕聲喚了她也沒有回應，然後發現小華背完詩翻過身又沒有聲音了，還發出了輕微的酣睡聲。「天啊！小華你說夢話還背了一首詩，你最近腦子裡在想什麼？」小菲驚歎道。小華說：「導師讓我針對劉弇寫個案研究，最近我在研究劉弇的詩集，可能有點『走火入魔』，希望不要嚇著你。」

夢話和心聲到底有多遠的距離？其實並不遠，甚至有可能很近。任何一個人都無法根據夢話分析出做夢者正在做什

麼夢，但是可以通過夢話來瞭解一個人內心隱蔽著的東西。根據佛洛依德的解析，做夢本來就是大腦潛意識的一種表現，是在潛意識的作用下對現實生活中的意向和片段進行重組和情景再現，而當這種再現作為「夢話」衝破虛無的夢境而成為一種現實的時候，說明夢境裡發生的事情是夢者潛意識裡非常強烈的事物，是一種無意識的傾訴和輸出。這大概也可以解釋為什麼人們在說夢話的時候，大多數使用的是自己的母語——方言、家鄉話等，因為方言和家鄉話這些母語伴隨著我們成長，是根深蒂固的，因此當說夢話的時候，有可能我們夢到了與家鄉人說話。在說夢話的時候，我們將自己內心最渴望或者最害怕、最擔心的事情說了出來。夢話是衝破潛意識的束縛和壓迫短時間內奔湧而出的，因此它往往使用最簡單快捷的言語表達出來。

　　說夢話的時候，做夢者是不知道的，只有通過旁人的轉達或者專門的實驗錄音才有可能得知。有一位中年男子說他幾乎每週都做一次飛的夢，心理學專家對他進行了一週的實驗，發現每次他都會說夢話，有時候是一個字——「飛」，有時候是一個句子——「我想飛」、「我跟小鳥一起飛啦」……心理學家發現這位先生對於自由飛翔的渴望已經達到臨界邊緣，這是他一個強烈的願望。這說明在現實的生活和工作中，這位先生壓力非常大，工作不順利，生活不如意，步入中年的他一面承受著家庭的壓力，一面應付著上司的指責和同事的不屑，十分焦慮。他想立即擺脫現狀，逃離

這種痛苦的環境，但是為了家庭又不得不委屈自己，堅持下去。「飛」，正是他內心的渴望，是他最真實的心聲。

夢遊，只是暫時「運動運動」而已

　　夢遊是怎麼回事？夢遊又叫作睡行，大多數發生在四歲以後的小孩身上。患有夢遊症的人在前三分之一的晚上，會從睡覺中坐起來，睜開眼睛，但實際上他們是不看東西的，然後下床漫無目的地在室內或戶外走來走去，但步伐緩慢且能避開障礙物，有時手上還把玩一些器具，像廚房的器皿或浴室的水瓢等，衣衫不整且喃喃自語，持續時間為數分鐘至半個小時。通常他們可以沒有困難地回到床上，很快繼續入睡，第二天早上醒來對昨晚發生的事毫無記憶。

　　有個九歲的小男孩暑假的時候上床入睡，約過一小時後，突然起床，開門走到五層樓上同學家門口，停留一會兒又自行回家上床入睡。第二天卻否認有此事，以後常常在入睡後不久，即自行起床，飲水，開抽屜取物，或走到媽媽身邊用手撫摸媽媽，口中念念有詞，對旁人說話不予理睬，眼神茫然，數分鐘後又自行上床入睡。有時候他甚至突然起床，提起桶走下四樓，在百公尺外倒了垃圾，又提著空桶回家，對母親問話不予回答，雙目直視，口中喃喃自語，搖他的軀體也無反應，然後又酣然入睡，第二天又完全不記得這

件事情。

　　成人也會發生夢遊，成人的夢遊大多源自孩童時未完全緩解的夢遊。據統計，約有百分之十五的人在他們的孩童時期，有過至少一次夢遊的經驗，集中在四至八歲，十五歲後會慢慢地消失，只剩下約千分之五的成年人會有偶發性的夢遊發生。

　　夢遊症的引發原因很多，也很複雜，除了有家族的遺傳因素之外，與睡眠不足、睡眠過深、發燒、過度疲倦、焦慮不安以及服用安眠藥等因素都有關。而且對於孩童來講，發生夢遊症其實也挺正常的，因為這樣的症狀多見於兒童，且隨著年齡的增長而逐漸停止，這一定程度上表明夢遊症可能與大腦皮質的發育延遲有關。因此當孩童發生夢遊時，應該引導他回到床上睡覺，不要試圖叫醒他，隔天早上也不要告訴或責備孩童，不然會造成孩童有挫折感及焦慮感。若實在是發生頻繁，就讓孩子到醫院進行治療。一般隨著年齡的增長，患兒的夢遊症狀會逐漸減少，最終徹底消失。

　　對於夢遊症本人來講，也應該以正確的心態來認識自己的夢遊，通過合理安排作息時間，培養良好的睡眠習慣，日常生活要有規律，避免過度疲勞和高度緊張狀態，注意早睡早起，鍛鍊身體，使睡眠節律調整到最佳狀態。

　　常人還有一種偏見，認為不可隨便喊醒夢遊者，因為夢遊者忽然驚醒的話會嚇瘋的。事實上，夢遊者很難被喚醒，即使被喚醒了，他也不會發瘋，只會感到迷惑不解而已。所

以看到夢遊者不要驚慌，他只是暫時起床「運動運動」而已，你那驚恐的尖叫聲倒是極有可能會嚇到他們。

「日有所思，夜有所夢」的奇怪現象

　　有時候我們會在夢中夢到白天發生過的事情，有些甚至無縫連接到令人以為就是真實的地步。有一次，編者夢見自己把洗潔精還給隔壁阿姨的生動場景，甚至連跟她道歉的不好意思表情，以及阿姨頓時眉開眼笑地說沒關係的樣貌都真實到以為是在現實中。早上醒來，竟然搞不清自己到底有沒有還東西，連忙跑去廚房一看，洗潔精還在那呢！想了想，可能是因為太擔心又忘記了這件事情，所以做了一個「提醒」的夢。前天下午出差回來，在樓梯間裡跟隔壁阿姨打招呼時，她對我欲言又止，編者心生疑惑，回到家後發現前幾天向她借的洗潔精還沒來得及還給她。當天晚上曾拿去歸還，鄰居卻沒有人在家。臨睡前一直在默念明天早上一定要記得還，不要再把這個事又給忘記了，結果晚上卻做了一個很真實的夢。

　　這便是「日有所思，夜有所夢」。時至今日，無論是醫學、生物學還是心理學等學科，都還沒能從生理機制上對「日有所思，夜有所夢」這種現象做出完善的解釋。然而這種現象是普遍存在的，幾乎每個人都會做這種夢，尤其是在

心理期望和心理壓力比較大的時候。

　　從佛洛依德關於夢的解析來看，由於夢都是反映潛意識的，因此在心理潛意識的暗示下，夢會將我們內心的想法通過某種變化的形式或誇張或反向地表現出來。白天由視覺、聽覺甚至觸覺等感知到的各種東西，在我們睡眠的過程中，大腦習慣性地對這些經常性的聯想和從外界接受的資訊，進行編碼、整合和重複等處理，通過再現的方式出現在我們的腦海中，形成我們所說的夢。

　　在日常生活中，由各種有意識和無意識所積澱下來的各種心理表象，也存在於記憶的表層。當人們睡眠時，這些心理表象會迅速地聚集組合在一起，形成一個完整的場景和畫面。這些畫面中可能有最近遇到的人，或者最近發生的事情，甚至是在熟悉的場景中。「日有所思，夜有所夢」不僅僅是平時的生活意象的再反映，也是自己內心願望或者壓力在夢中的表現和釋放。比如你夢到一個今天剛認識的人，在夢中你們相約一起去旅遊，而且在玩耍的過程中，你們親密無間，玩得很開心。那麼有可能你第一次見到這個人就特別有好感，在你的內心，你非常想跟他/她成為相知相伴的好朋友。

　　現在生理學者也開始研究「日有所思，夜有所夢」這種奇怪的現象。他們認為夢是人們對腦隨機神經活動的體驗，是一種偶然現象。也就是說人們在睡覺的時候，大腦會隨機地做夢。當開始做夢時，腦部神經就會開始活動。不過這種

活動不是規律性的活動，而是十分混亂、毫無規律可言的。他們認為這是因為大腦試圖把這些資訊整合到夢中，於是就出現了混亂的奇異夢境，導致我們可能會夢到兩個不相干的人出現在同一個聚會場景中相談甚歡。

因此也有一些記憶鍛鍊研究者認為，在睡覺前背單詞或者進行記憶訓練，可以在強烈的心理暗示的作用下，通過記憶的東西在睡夢中重複而獲得記憶的鍛鍊，從而提高自己的記憶力水準。

適度做夢有益身心健康

「我昨晚夢到我在做數學題，計算線性代數的時候，簡直能夠感覺到腦子不夠用。做了一個晚上感覺腦子要爆炸了！」

「昨晚在夢裡被一隻兇猛的老虎追，好不容易把它甩開了，又出現了一群原始人，我拼命地跑啊跑，整整跑了一晚上啊，累都累死了。」

「我夢見我一直在洗衣服，手一直發酸發脹，好累啊！」

「做夢真的好累！」

做夢真累，這是現代人對做夢的感受，幾乎所有人都覺得做夢不好，會讓自己休息不好，使人疲倦不已。然而事實

上做夢對人的身體是有諸多好處的，很神奇吧？

德國神經學家科思胡貝爾教授認為，做夢可以鍛鍊腦的功能。「大腦的神話」中說到我們人類的大腦有一大部分是處於休眠狀態的，科思胡貝爾教授認為做夢時這些休眠狀態的腦細胞會活躍起來，以鍛鍊和演習自己，防止衰退。有時做夢可以處理大腦白天未能解決的資訊和難題，所以也有詩人在睡夢中作詩的傳說。俄國著名文學家伏爾泰常常在睡眠狀態中完成一首詩的構思，苯分子的環狀結構是德國化學家凱庫勒在夢中發現的。

恰到好處的夢是健康的表現。雖然人在睡夢中很緊張、恐懼，實際上這也是一種負面情緒的發洩和排解，是一種放鬆心理神經的方式，有助於身心健康。剛剛起床時覺得做夢挺累，但一旦投入到工作和學習中，往往會感覺到「一身輕」，繃緊的神經似乎得到了放鬆。甚至有時候做夢還有助於學習。哈佛大學研究員做了一個「俄羅斯方塊」實驗，讓二十七位實驗對象玩「俄羅斯方塊」，睡了一覺之後再玩第二次。結果有十七人在睡夢中見到遊戲中的方塊，而這些人大部分都在第二次的遊戲中表現得更好。做夢能夠將需要掌握的資訊在腦中重播一次，並且把新記憶和景象連在一起，有助於記憶和學習。

所以說適度的做夢是一種良好的生理現象，並不像很多人所想的那樣會損傷大腦，使之不能夠好好休息。事實上我們的大腦是根本停不下來的，只有一直運轉才能保持不衰

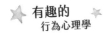
退。

但是過度做夢或做噩夢，有可能預示著你的身體有問題。比如有些肝炎病人會做令人焦躁、恐懼的夢；頻頻噩夢、盜汗，有可能是身體的某個部分出了問題，也需要好好檢查一番，進行治療。而壓力過大的神經衰弱患者往往入睡困難，好不容易睡著了，卻又因壓力過大和情緒緊張做了噩夢而被驚醒，難以再度入睡，導致睡眠嚴重不足，結果白天昏昏沉沉、無精打采。有些人一睡覺就噩夢連番，夢話講個不停，這也是需要注意的病理現象。所以你若覺得做夢一直都讓你很累，很影響平時的生活和工作時，應該重視。如果你偶爾記得自己做夢，即使是緊張刺激、危險恐怖的夢，都不必放到心上，這並不奇怪，而且有時候做夢還有助於我們的身心健康，我們大可放心。

莊周夢蝶，折射出內心世界

著名的「莊周夢蝶」典故出自《莊子‧齊物論》：「昔者莊周夢為蝴蝶，栩栩然蝴蝶也。自喻適志與！不知周也。俄然覺，則蘧蘧然周也。不知周之夢為蝴蝶與？蝴蝶之夢為周與？周與蝴蝶則必有分矣。此之謂物化。」

這段短小艱澀的古文翻譯成現代白話文是這樣的：從前，莊周夢見自己變成一隻翩翩起舞的蝴蝶，在花叢中愜意

地飛舞，覺得非常快樂，悠然自得，已經忘記自己是莊周了。突然間他夢醒了，醒來的恍惚間，才發現原來自己不是蝴蝶，是莊周。於是莊子疑惑了——不知是莊周做夢變成了蝴蝶呢，還是蝴蝶夢見自己變成了莊周？莊子認為莊周與蝴蝶必定是不同的，而他們能在夢中互相交換，這就是我們所說的物我的交合與變化，也就是生死物化。

莊子據此提出「人不可能確切地區分真實與虛幻」的哲學觀點——如果夢境足夠真實，人是不是知道自己在做夢呢？人又該如何區分真實的自己和虛幻的夢境呢？

莊子把夢境和現實看作平行於世界的兩個平等的境界，認為這兩個境界互相發生時，莊周不是莊周，蝴蝶也可能不是蝴蝶。在夢境裡，莊周就是蝴蝶，蝴蝶就是莊周；而在現實世界中，莊周就是莊周，蝴蝶就是蝴蝶。莊子的理論看似很繞，實際上他只是認為這是夢境與現實的不同罷了，夢境和現實都是世界運動的一種形態和階段，認為夢境與現實一樣，都是真實存在的。這是莊子思想的進步和大膽之處。因此他認為人們需要做的是：在醒時的所見所感是真實的，在夢境中的明白是幻覺，是不真實的。其實也就是莊子因豔羨蝴蝶的自由自在而「夜有所夢」，在夢中遇到自己真的變成了蝴蝶。

一六四一年，西方著名哲學家笛卡爾也對此有過類似的疑惑。他認為人通過意識感知世界，但是感官和意識有時候可能會欺騙我們，所以人類所看到的外部世界有可能是真實

的，也有可能是虛假的。「直到現在，凡是我當作最真實、最可靠而接受過來的東西，我都是從感官或通過感官得來的。不過，我有時覺得這些感官是騙人的；為了小心謹慎起見，對於騙過我們的東西絕不完全加以信任。」俗話說，「眼見為實」，然而有時候眼睛也會欺騙我們，比如我們看到水中完好的筷子往往像是被折斷了一般。因此究竟什麼是真實，什麼是虛幻，什麼是現實，什麼是夢境？

笛卡爾發現有時候他會在夢裡做與「瘋子們」醒著的時候所做一模一樣的事情，或者在夢裡看到現實世界中沉睡的自己在清醒地睜眼看書，雖然在夢裡這樣的場景總是那麼模糊。他時常在睡夢中以為這些假象就是真實地存在的，他無法清清楚楚地分辨出清醒和睡夢，這使他感到非常震驚。其實，看似真實的夢境只不過是迷惑笛卡爾的真實內心世界。他一面獨立思考，試圖擺脫教會思想的束縛；一面需要考慮現實世界中的教皇和教會，二者的權威力量如此之大，以致人們暫時無法擺脫他們的思想牢籠。現實世界中清醒的笛卡爾是矛盾的。因此在夢境裡，他對屈服於教會精神體系的害怕完全體現出來，在夢裡他和「瘋子們」做一樣的事。

《幽夢影》認為：「莊周夢為蝴蝶，莊周之幸也；蝴蝶夢為莊周，蝴蝶之不幸也。」「莊周夢蝶」表現出人們渴望變成蝴蝶的逍遙，也是對凡塵人事的一種抗拒。人的世界中處處充滿了等待和限制，千百年來，多少文人墨客在孜孜不倦地追求自由和快樂。莊子對於「莊周夢蝶」的描述，從另

一個側面表現出他企圖不分現實和夢境地追求蝴蝶的自由，折射出他對於夢境中蝴蝶自得其樂的悠然和自由的嚮往。莊子對於自由自在的嚮往，令他化作一隻翩翩起舞的蝴蝶，暢快自如地飛翔在夢境的花叢中，樂不思蜀，悄然自居。

「黃粱一夢」是怎麼回事

唐朝沈既濟的《枕中記》中有個故事：

在唐朝時期，一個書生姓盧，字萃之，別人稱之為盧生。一年，他進京趕考，途中在邯鄲的旅館裡投宿，遇到了一個叫呂翁的道士。盧生向道士感慨人生的窮困潦倒。呂翁聽後，從衣囊中取出一個枕頭給盧生，說：「你晚上睡覺時就枕著這個枕頭，保你做夢稱心如意。」

這時天色已晚，店主人開始煮黃米飯。盧生便按著道士的說法開始睡覺，很快便睡著了。在睡夢中，他回到家中，幾個月後還娶了一個清河的崔氏女子為妻，妻子十分漂亮，他們的錢也慢慢多了起來。盧生感到十分喜悅。不久他又中了進士；層層提拔後做了節度使；大破戎虜之兵，又做了十餘年的宰相。他先後生了五個兒子，個個都做了官，取得了功名；後又有了十幾個孫子，成為天下一大家族，擁有享不盡的榮華富貴，至八十歲而終。醒來時，盧生卻發現店主煮的黃米飯還未熟，他感到十分奇怪：「這難道只是一場夢？」

呂翁聽了便說：「人生的歸向，不也是這樣嗎？」經過這次黃粱一夢，盧生大徹大悟，再不去想進京趕考的事，反而進入深山修道去了。

「黃粱一夢」便由此而來，通常用來比喻榮華富貴如夢一場，短促而虛幻。這是一個傳奇故事，也是一個告誡盧生的人生縮影的夢境。從盧生的夢境中，我們不但得知要看淡人生的沉沉浮浮，坦然接受；還可以看到夢境的神奇，在短短的時間裡，夢裡就可以發生那麼多事情，從頭到尾，貫徹始終。

可能你對此並不會覺得太驚奇，因為很可能你也有過類似的夢境。有時候人做夢比真實過得快，有的夢像演電視劇一樣會跳過一段時間，所以短短的幾個小時就好像過了好幾天一樣。人腦和意識一起締造了神奇的夢境，縮短了時間的維度，在極短的時間內人將自己在現實世界中的所見所聞、所思所感以極快的速度整合起來，形成了廣闊而龐大的夢境。夢是我們內心的欲望表達，是我們的潛意識在運作，所以不要奇怪為什麼你有時候也會做「黃粱一夢」。

《盜夢空間》，神奇的夢境想像

說到夢境的奇妙，不得不提二〇一〇年這部備受全球人民熱捧的好萊塢大片《盜夢空間》。它吸引觀眾的不僅是影

片中形象逼真的畫面、飆車爆炸的驚險場景，還有神奇的夢境想像和複雜的情節，都讓人摸不著頭腦，引起人們對於影片複雜情節的逐個擊破和對神奇夢境的積極探索。

這部電影講述的故事其實很簡單。男主角柯布是一名盜夢者，在一次與同伴亞瑟的針對 Saito 的盜夢行動中失敗了，並因妻子的自殺而遭到通緝，逃亡在外。Saito 利用並威脅柯布潛入最強勁的競爭對手 Fisher 的深層潛意識，幫助他為 Fisher 種下放棄家族公司、自立門戶的意識。為給 Satio 贏得最後的勝利，柯布和他的隊伍通過藥劑使 Fisher 進入夢境，並歷經種種艱險將放棄商業帝國的想法根植在 Fisher 的腦中。而在影片的結尾，Satio 履行了自己幫助柯布消除在美國的罪名的諾言，使柯布安然合法地重新回到了自己的家庭。

故事情節的發生場景分別為六層不同的空間世界，也就是現實世界、第一層夢境、第二層夢境、第三層夢境、第四層夢境和迷失域。一般正常人做夢時只會進入第一層夢境，而第二、三、四層夢境需要服用不同分量的藥物，層級越深，藥物強度越大。而要醒過來只能通過「Kick」（即重力下墜產生強烈的衝擊）或者在夢裡被殺死。在夢境中服用加強型藥物且不能被殺死喚醒的人，才會不得已進入迷失域。而進入迷失域的人往往不能區分現實和夢境，沉迷於此而走不出來。男主角柯布辨別夢境和現實的一個有效方法就是陀螺──如果陀螺能停止那就是現實世界，而始終保持旋轉則

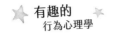

是在夢中。

這麼一部如此拓展想像力的《盜夢空間》，生動形象地向觀眾展現了夢與現實的不可分辨，並展示了充分運用夢中夢的原理，來窺探並試圖改變人們的潛意識的神奇之處。《盜夢空間》的主角們在做夢的時候，清楚地知道自己是在做夢，這種夢在心理學上被稱為清明夢。也就是說，一般一個人在做夢的時候並不知道自己在做夢。而清明夢是指在特殊的夢境中，人們能夠清醒地意識到自己在做夢，甚至當人們醒了，也會對夢境裡發生的事情記得一清二楚，且有種恍如隔世的感覺。《盜夢空間》神奇地向我們展示了我們能夠在夢境中清醒地意識到自己在做夢，並且可以不斷地進入夢境更深的層次，來達到自己的目的。

影片編導諾蘭認為，《盜夢空間》潛在的主題就是：「你所看到的世界未必都是真實的」，夢中夢的超凡運用是《盜夢空間》的神奇想像的心理學基礎。經常能夠想起自己做了什麼夢的人會很容易進入夢中夢的境地，能夠清楚地感知到自己在夢境中，也就是心理學所謂的清明夢。有時候我們會在半夜驚醒，然後發現自己剛剛是在做夢，不一會兒又睡著了，又開始做夢。有時候這個夢甚至是接著前一個夢的，有時又是重新開始的另外一個夢，前一個被稱為續夢。一般來說，一晚上人們要做四至六個夢，但往往我們只記得一個或兩個，不可能全部都記得，否則原本輕鬆的睡眠會讓人變得很疲憊。

在電影中，陀螺倒下就是在現實中，而陀螺轉個不停就是依然在夢中。當時間的陀螺停止下來的時候，主角從夢裡驚醒了，一切都結束了。而對於我們而言，在現實生活中，每天清晨的鬧鈴響動時，我們就從睡夢中驚醒了，又開始了一天忙碌的工作和學習生活。

周公真的能解夢嗎

大陸《馬大帥3》的熱播，劇中算命大師德彪給人解夢的手法和準確預見性令人驚歎，這使許多寺廟附近甚至街道上出現了一些號稱「彪哥」的江湖術士。他們算卦的攤前放著解夢小冊子、《易經》或者自己的手抄本，專門以「解夢」為由騙取人們的錢財。而在網路上關於解夢的網頁和資訊不計其數，有些甚至還開發出「解夢」的軟體和手機應用APP，一些書店解夢和《易經》算命、風水之類的書籍也非常暢銷。以「周公解夢」為例，「周公解夢網」、「現代周公解夢」、「天天周公解夢大師」等，竟出現了十幾萬個相關網頁，設計的解夢內容非常廣泛，比如夢見逃亡、蛇、鳥、考試、墜落、血、戰爭等分別有什麼暗示和寓意。然而大多數的「周公解夢」是那麼的牽強附會，針對夢境的解讀帶有很強的主觀色彩，缺乏根據，聽過、看過之後讓人不知所云，雲裡霧裡，仍舊未能明白夢的含義。

　　為什麼人們那麼熱衷於解夢呢？這大概是因為這世上的大多數人都做夢，而且做的夢大多千奇百怪，令人百思不解。人們常常對自己的夢很好奇，不知道是不是夢中帶有什麼啟示，因此才催生了諸如《周公解夢》這樣專門給人解答夢境的書籍。人們總是試圖從夢境中找到些許人生和未來的暗示，以自知的預防行動來達到消災的效果。然而事實總是相反，人們並不能從「周公解夢」中獲得準確的答案。有新聞曾經報導過，有一個年輕人跟路邊攤的「解夢大師」說夢見自己騎自行車去了高原，「解夢大師」跟他說這是個好寓意，說明你身體健康，交通出行都會很順利。可是沒過幾個月，這個年輕人就因為一起交通事故意外離世了。「周公解夢」其實是沒有什麼暗示和提醒作用的，不應該迷信於此。

　　那麼「周公解夢」的傳說從何而來？周公又是何人？周公是西周時期周文王的第四個兒子、周武王（周文王的第二個兒子）的弟弟。他寬厚仁慈、謙遜待人，追求實施仁政，因此又是儒家思想的宣導者，並且為孔子所推崇和追捧。孔子多次夢到他與周公交談，互相交流仁愛的儒家思想。我們可以看出，「周公解夢」其實是後人引申出來的一種占卜，甚至很多人以為周公就是一個迷信於《易經》的算卦先生，這是對周公的一種誤解和誤讀。

　　所以從本義上來說，「周公解夢」解的不是夢，而是人們心中的困惑和思想的疑惑，是對人們的困惑進行分析和輔導。市面上的「周公解夢」都是「解夢師」的自編自導。對

於夢的形成目前還缺乏較為統一明確的論證和認識。從心理學上講，夢大多源於我們生活的經驗和經歷，不會給人們帶來什麼所謂的預示和警告。比如夢見自己開車，可能你昨天看到一輛保時捷心生羨慕，希望自己有一天也能開上一輛。

「盡信書不如無書」，你不要信路邊攤的「解夢大師」。所謂的「周公解夢」，無非就是根據你的心理狀態來隨意做出一些判斷和結論，「解夢大師」只不過是糊弄人的唯心主義者。

 ## 有理有據地來解夢

「日有所思，夜有所夢。」正如前面所說的，幾乎沒有人不做夢。人的一生做的夢很多，千奇百怪，可以說是無奇不有。古人常說「好人做夢，壞人作惡」，夢是美的。然而夢在現代人的字典裡並不是一個好的詞語，現代人一直被夢所困擾，噩夢纏身會心生許多煩心事和負擔；美夢難以成真，即使做了開心的夢，很多人還是不開心，擔心「夢總是相反的」。究竟夢是什麼樣的？我們為什麼會做夢？做夢是不是預示著什麼？人們心中困惑重重，於是開始尋求解夢的各種途徑。「周公解夢」似乎成為人們尋找答案的一種主流方式，然而這種不可靠的「夢之分析」、「夢之解讀」並不能使人們完全信服。

　　事實上，科學的解夢方式目前還沒有。雖然夢千變萬化，離奇古怪，但是我們往往會發現夢境是存在類屬和相似性的，只不過具體的夢境會根據每個人不同的現實感觸和經歷而變化。比如夢見墜落的人不計其數，夢見被追趕和戰爭的人也存在一定比例。而當你聽到有人說「我昨晚夢到一直被人追趕，早上醒來覺得好累」的時候，你腦海裡想到的一定是自己在夢中被追趕的場景。

　　因此我們也可以歸納出夢的幾種最常見的場景，如高空墜落、被人或動物追趕、進醫院或生病甚至死亡、遲到或錯過火車和飛機等。現在我們從現實生活和心理學的角度，有理有據地來解夢。

　　人們經常會夢到自己從高處摔落或者踩空樓梯，有時還會在墜地或跌入水裡的瞬間突然抽搐而驚醒。這種醒後發現自己健康地躺在床上而令人恍如隔世的夢境，往往令人記憶深刻，並對墜落的一瞬間清晰無比。這種夢境往往是無助的，缺乏支柱而摔倒墜落，可能是因為在現實生活中你正面臨著一些困難，如即將失業、這個月的租金無法支付、失戀等等。

　　還有很多人有過被一群人或猛獸追趕而在不斷逃亡的做夢經歷，醒來之後還有著恐懼和緊張情緒。「做這個夢真累人，一個晚上都在跑，為什麼會做這樣的夢呢？」當你做這樣的夢時，想想看是不是自己最近正在加班加點地完成工作或者趕時間做專案？看來這種緊張的情緒始終跟隨著你，連

睡覺也不放過你呀！

最令人傷心的應該是在睡夢中夢見自己或親人朋友生病、受傷或死亡，有些人還會因此而痛心地哭醒。生病的人做這樣的夢不足為奇，這是擔心害怕的情緒刺激了夢的發生。而正常人做這樣的夢，有時候並不是因為自己的親人朋友正在生病，而是因為自己在感情上容易受傷，或者擔心受到傷害。這種內在的情感外化為身體的疼痛或死亡，表現在睡夢中。

而在夢中遲到了或者害怕趕不上火車、飛機的人，在現實生活中可能是個拖延症患者，他們經常遲到，錯過火車、錯過飛機航班，發生了各種不該有的失誤，他們往往對此懊惱不堪卻從無改變。因此每當面臨重大的行程之前，他們都會夢到遲到、誤點，試圖提醒自己不要再錯過時間。當然對於猶豫不決的人來說，這種夢境通常也會發生在面臨選擇和做決定之前。

無論做了什麼夢都不要懼怕和擔心，其實夢只是你生活場景的另一面的折射而已，只需好好生活，經營好自己的人生。

9

CHAPTER

困惑背後的
真實面目

當怒氣找到出氣筒，傷到了誰

經常聽到有朋友抱怨想辭職跳槽，因為和上司相處得很不好，「上司總是拿我當出氣筒，他被上級批評了就到處找我的碴，轉過來把我劈頭蓋臉地罵一頓」！

在有些家庭中似乎也能看到類似的情況：父母在單位受了氣，回到家看到孩子調皮搗蛋，頓時暴怒起來，甚至動手教育。

而情侶、夫妻之間的吵架，往往不是因為對方做錯了事，而是因為自己受了氣，心裡不痛快，就到處撒氣，互相撒到對方身上，把對方當作出氣筒。

我們會發現，壞的情緒似乎需要發洩出來，並讓人來承受才行。這在心理學上被稱為踢貓效應，也被叫作踢貓理論。顧名思義，當我們染上壞情緒回到家的時候，那隻貓如同往常一樣過來蹭腳跟，人們需要找到情緒的發洩口，心情一不爽，就一腳把貓給狠狠地踢走。這是一種典型的壞情緒的傳染過程。

我們生活在社會中，要工作、要生活，會遇到不同的人和事，要處理各種各樣的關係，難免會產生各種各樣的不滿情緒和糟糕心情。而奇怪的是我們總要為不良情緒和心情找一個發洩口和疏通管道，這條管道通常會隨著社會關係鏈條依次傳遞，由地位高的傳向地位低的，由強者傳向弱者。最

後，無處發洩的最弱小者便成了最終的犧牲品。

所以一個人在工作中被上級批評了，然後他會把這個憤怒的情緒轉輸給下屬；下屬無處可發，受了一肚子氣，則會將這個情緒帶回家，轉移給家中的孩子，對孩子大發雷霆；而孩子又會把這種情緒憤怒地發洩給弟弟或妹妹，最後的最小者只能莫名其妙地接受怒罵和發火。在「踢貓效應」這條長長的鏈條上，只要遇到比自己低一個等級的人，我們都有將憤怒轉移出去的傾向。

當怒氣找到出氣筒，最終傷到的是最底層的無辜者。反過來想想，這些怒氣如果不無緣無故轉移到別人身上，可以減少很多矛盾。比如可以搞好和下屬的關係，對今後的工作和人際關係的緩和都有著很大的益處。無端的發洩只能讓下屬備受委屈。

我們中的多數人，都生活在權力金字塔的中間層，大多數時候是怒火的承受者。因此對於憤怒的承受者來說，要充分理解「對事不對人」這句話的意思，很多時候別人對你的憤怒可能不是因為你沒做好，只是因為他們正好「很生氣」。所以當你充分理解的時候，自然而然會把自己作為憤怒的出氣筒這回事淡化，也就不會帶著一身的怒氣回到溫馨的家中，破壞自己和妻子、孩子之間的關係。

有些怒氣一旦自私地發洩出來，就會造成嚴重的後果。比如有些孩子從小就莫名其妙地被下班回來的父親打罵，對父親心生畏懼和怨恨，導致和父親的關係緊張，無法緩和。

長大之後，孩子極有可能對父親不聞不問，雖然父親實際上是愛他的，然而由於從小造成的心理陰影過大，孩子會選擇遠離父親。

「說曹操，曹操到」只不過是個偶然

我們經常會遇到這樣的神奇現象：正在談論或者剛剛想到一個人的時候，這個人竟然就出現了。這就是所謂的「說曹操，曹操到」。大概每個人都遇到過吧！

「說曹操，曹操到」的故事發生在東漢末年。當時的漢獻帝被李傕與郭汜包圍。這時，有人獻計讓曹操前來救駕，因為曹操曾經平剿青州黃巾軍，完全有能力前來相救。然而，傳送消息的信使還沒有出去，夏侯惇就奉曹操之命率軍前來救駕，並將李郭聯軍擊潰，將漢獻帝救了下來。這對漢獻帝來說，真是最及時的「說曹操，曹操到」。

為什麼會出現這樣的現象呢？從心理學角度來看，這只不過是人們對這類巧合現象印象深刻，並喜歡虛張聲勢地誇張化解釋罷了。人們往往會輕易忘掉前一百次失敗的預言，卻總是把偶然一次成功的預言掛在嘴邊。

我們對外界的感知是有選擇的，人們似乎更願意相信那些超出因果關係之外的奇特事物，因為它們顯得奇妙而不可解釋。這並不是因為預言多麼準確，只是大多數人一廂情願

地記住證實這句話的經歷。事實上，這只是因為我們對「說曹操，曹操到」的現象十分著迷，而在很多情況下，我們在談論某人的時候，他並沒有出現在面前。比如那個人遠在天邊，那是不可能立刻來到身邊的。那種一說就出現的例子，也許會有很多次，但是按照機率來說，出現的機率是非常低的。

因此「說曹操，曹操到」只不過是偶然事件。而且在平常生活中，我們聊天中出現的對方無非就是身邊的人，比如同事、上司、同學、老師等，所以正在被談及的這個人出現也是在可控範圍之內的。於是一旦出現了，人們就會一條條地累積下來，形成這種看似很有默契的巧合。

我們並不知道，歷史上是不是也有過漢獻帝想讓曹操來護駕，而曹操遲遲不到的情況。或者「說曹操，曹操到」，曹操本意就是想救漢獻帝，他一早就謀劃好了整件事。因此這次救駕讓曹操聲名大振，得以加官封爵。

生活中許多似乎無法用常規解釋的「神奇之事」，有時候只是我們不夠瞭解，事實上一點都不神秘。

越怕出事，越容易出事

你去商場買了一部新手機，回來的路上總是怕被人盯著，總想去摸摸它還在不在。然而這種謹慎而又反常的行為

引起了小偷的注意，最後新手機還是被小偷偷走了。總是害怕自己第二天的面試表現不好，因此頻頻失眠，被噩夢驚醒；第二天早上你頂著一雙熊貓眼，哈欠連天地參加面試，最終沒有得到錄用通知；總是懷疑自己有病，沒想到檢查出來真的生病了；拋硬幣想拋到正面，卻總是得到反面……似乎我們越害怕發生的事情，就越容易發生。

這就是著名的墨菲定律（Murphy's Law）：越怕出事，越會出事。如果事情有變得更加糟糕的可能，那麼不管這種變壞的可能性出現的機率有多小，它總會發生。比如你今天上午決定和朋友一起去騎行爬山，但是聽到天氣預報說今天有可能會下雨。你出門前看著天氣晴好，便決定按計劃走，希望不要下雨。可是沒想到在半路的時候真的下雨了，你被淋成了落湯雞。越不想要發生的事情，就越會發生。對於人的行為而言，有時候就是因為害怕錯誤發生，所以會非常在意。而注意力越集中於此，就越容易產生疏忽而犯下錯誤。比如切馬鈴薯的時候越是害怕切到手，越是小心翼翼，越是容易使手指受傷。墨菲定律告訴我們，犯錯誤是人類與生俱來的弱點。沒有人不會犯錯誤，在社會生活中，不論科技多發達，事故都會發生。小到物品丟失、檔案漏發，大到巴士墜崖、飛機墜毀失聯，而且越是複雜的事物越容易出現事故。二〇〇三年，人類歷史上最複雜的運輸工具——美國「哥倫比亞」號太空梭，在德州中部地區上空解體，機上六名美國太空人和首位進入太空的以色列太空人拉蒙全部遇難。

雖然說犯錯誤是必然的，但是我們不能因噎廢食，不能因為錯誤和事故的存在而不做任何事情，畢竟意外總是機率不大的。大大咧咧的人被偷手機的機率，總比小心翼翼的人要大。而「墨菲定律」告訴我們最重要的一點正是：意識到人類自身存在的缺陷，所以做任何事情都應該更加全面週到一些。對可能存在的隱患和事故，要保持一種如履薄冰的謹慎和小心。比如你看到天氣預報說要下雨，出門前最好帶好雨具，以防被淋。

尤其對於安全管理者來說，更應該正確認識墨菲定律。對於存在的安全隱患，不能抱著一種安全事故遲早會發生的消極態度對待。當安全生產的手段越來越高明的同時，所面臨的危險和麻煩也越來越嚴重。面臨容易發生的危險事件，防患於未然是十分必要的。大意可能會犯下大錯，不要因狂妄自大而讓自己吃盡苦頭。

 ## 打哈欠會傳染嗎

工作累了，打一個哈欠，伸一個懶腰，然後你會發現身邊的人也會跟著打了個哈欠。連環打哈欠的傳染效應十分有趣。

當你看到打哈欠的圖片時，你肯定忍不住要打一個哈欠；當你聽到有人在旁邊打哈欠時，你也會跟著一起打哈

欠；甚至你在讀這篇文章的時候，也有可能在打哈欠……反正，我現在正在邊寫邊打哈欠，哈欠連連，可是事實上我並不累也不睏。那麼打哈欠為什麼會如此容易傳染呢？

從心理學上來說，當看到別人打哈欠會得到一種心理暗示，就是「睏了」；並且視覺會大大刺激大腦表層，緊接著刺激神經反射，於是我們也會跟著學起來，自動打起哈欠。這正是適應環境的一種群體效應的表現，也是一種本能的現象。打哈欠傳染與感冒傳染不同，它更多的是一種心理作用所引起的肢體動作。

大部分人都會控制不了打哈欠傳染的侵襲，從這個方面來看，打哈欠傳染正體現出心理學所說的馬納姆效應：人們從意識到身體都迷失在從眾心理之中，以他人的行為作為參照，便形成強烈的心理暗示。

當然，並不是所有的哈欠都有可能形成。一般來說，感性、敏感的女性更容易受到別人的影響，而在家庭成員、同事、朋友、熟人或是剛剛認識的人之間，打哈欠的傳染性更加強烈。心理學家同時放映打哈欠視頻給實驗者看，通過觀察發現，不受打哈欠傳染的人，一般都是比較理性、冷酷、堅定、獨來獨往、不善於溝通的人，因此不易受到他人影響。反之，容易接受打哈欠傳染的人，比較善良敏感，因此心理學家認為心地善良的人更容易打哈欠，也容易被他人打哈欠的行為所影響。美國康乃狄克大學的研究者還發現，打哈欠傳染不會發生在五歲或六歲之前，大部分的孩子要到四

歲以後才會被別人的哈欠「傳染」。

一般來說，打哈欠是大腦意識到需要補充氧氣的一種反應。打哈欠是把體內的二氧化碳排放出去，從而吸入更多的氧氣，驅散身體的疲倦，讓精神再次振發。打哈欠傳染不完全只是受周圍氛圍所影響，還與自身的精神狀態和心理因素有關係。大家同在一個區域一起經過長時間的工作，本身已經很疲倦，只是身體忘記了「打哈欠」，因此當看到其他人打哈欠的時候，就會不由自主地打哈欠。就像看到別人吃好吃的東西，自己也會感到餓了一樣。

所以說你打哈欠也怪不得別人，因為事實上你自己也想打哈欠。

當局者迷，旁觀者清

我們都知道，北宋著名的豪放派詞人蘇軾不僅能夠飲酒作詩，還能下廚做菜。卻不知道，心理學上有一個效應還以他的名字來命名——「蘇東坡效應」。這是源於他的那首《題西林壁》中最著名的兩句詩：「不識廬山真面目，只緣身在此山中。」

先來看看一個冷笑話：在古代，有位解差押解一位犯事的和尚前去縣城。在旅館吃飯的時候，和尚把解差灌醉，把他的頭髮剃光後逃走了。等解差昏昏沉沉地醒來時，發現少

了一個人，他大吃一驚，可是當他一摸自己的光頭時，立刻轉驚為喜：「幸好和尚還在。」這時，他卻為自己感到困惑了：「那我去了哪裡呢？」

這則笑話恰好與蘇東坡的那兩句詩——「不識廬山真面目，只緣身在此山中」相印證。古往今來，人們一直都難以認識自己，一方面人們想瞭解自己，但另一方面人們又最難以瞭解和認識自己。就好比如果沒有鏡子，我們就無法看到整體的自我，因為你無法站在另一面來觀察你自己。因此這種因為自己就站在這個山中，所以看不到山的整體真實面目的現象，從心理學上說就是所謂的「蘇東坡效應」。

俗話說得好，「人貴有自知之明」，可見人是多麼難以正確地認識真正的自己。曾經有一位美國心理學家做過一個測試。他讓二十五個彼此瞭解的老朋友根據愛交際、講衛生、文雅、粗魯、幽默、美麗、自大、聰明、勢利等九項標準，按照每個人的好壞印象，分別對包括自己在內的所有人進行這九項標準的排序。比如在「美麗」一列，認為誰最美麗，就將他放在第一位。結果顯示，這二十五個人都不同程度地把自己的優點放大，而把自己的缺點弱化。例如，有一個人把自己排在「幽默」的第一位，而其他二十四個人卻認為他不夠幽默，因為他在幽默上的平均排名倒數第三個。大概他平時講的都是大家聽不懂的冷笑話吧。

「蘇東坡效應」告訴我們，「當局者迷，旁觀者清」。絕大多數人雖然比較自信，但事實上並不能客觀正確地認識自

己，不清楚自己的不足。因此謙虛謹慎是十分必要的，應不驕不躁地與周圍各種各樣的人接觸，謙虛地從別人的評價中發現自己的缺點。當然，認識自己既要看到自己的長處，長別人之長；又要看到自己的短處，短別人之短，才能正確地全面認清自我。

只有對自我有一個全域的認識，才能對自己的改變有所指引；只有不斷完善自己，改變壞的習慣，才能提升自己的競爭力、激發進取的信心、堅定地迎接未來的挑戰，最後得以站在最高峰上，「會當凌絕頂，一覽眾山小」。

為什麼有人喜歡囤積食物

隔壁鄰居老太太總是在吃爛蘋果。每次她買回一筐蘋果，總是先找到爛的蘋果吃掉，好的蘋果留到以後再吃。就這樣，明天、後天、大後天，她都是先找爛的蘋果吃，好的就往後邊留。這樣就導致她不斷地吃爛蘋果，最後吃的還是爛掉的蘋果。

對於老太太來說，她們小的時候物資十分匱乏，很難吃得上蘋果，因為那時候能填飽肚子就已經很不錯了。對於窮怕了的老人來說，囤積食物已經成為他們的習慣。

「強迫性囤積症」俗稱「囤積癖」、「囤積狂」，是指喜歡購買、收藏、囤積一切有價值或者無價值的東西，把房子

塞得滿滿當當的一類人。他們通常有強烈的佔有慾，即使是最普通的東西也捨不得使用，更捨不得丟掉，儘管這些物品已經妨礙了他們的正常生活。

然而在今天不愁吃穿的幸福時代，仍然有很多人喜歡囤積食物，甚至囤積成癮、囤積成狂，在家裡囤積下包括米、肉等食物，然後慢慢地一點點消化掉。在美國，有六百萬至一千五百萬人是囤積狂，占了美國總人口的百分之五，而在澳洲，也有一百多萬人患有囤積癖。囤積症患者普遍地存在於全球各地。

「為什麼喜歡囤積食物？」「你的冰箱和衣櫃是不是都塞得滿滿的？」「你會不會從不捨得丟棄不好的物品，甚至它已經腐爛了？」囤積者總是在不停地添置新的東西，卻又不捨得扔掉大量沒用的東西，因為扔掉東西讓他們感覺到十分痛苦。當囤積的東西越來越多，超過可以承受的空間和時間範圍，嚴重影響到正常的生活時，將會產生一種心理疾病──「囤積狂」。

從心理學上來說，囤積狂一方面是因為癡迷於囤積物品的快感。他們的佔有慾十分強大，渴望擁有這世界上的每一個物品。他們可能經歷過痛苦的過去，生活在髒亂差的環境中，吃的食物不乾淨甚至很少，因此當他們有了一定能力之後，仍對食物或物品嚴重依戀，總是強迫性地囤積物品，以給自己帶來安全感。

另一方面，囤積症患者在心理上患有十分強烈的喪失

感，尤其對於中年人來說，如果在工作上達不到一定高度，他們將面臨嚴重的危機。一步入中年，人們的身體機能就明顯不如年輕的時候，身體上的危機嚴重影響到對自身未來走向和發展的認識。這時候很多中年人開始害怕自己現在所暫時擁有的一切將會失去。因此在現代社會，這些囤積狂不都是老年人，他們之中大部分是四十歲以上的中年人。

厭食症與貪食症

在我們的社會生活中經常會出現一些矛盾現象，比如有時候明明沒怎麼吃飯，卻覺得很飽了，吃不下了；有時候吃的東西已經遠遠超過了平時的分量，卻覺得還是很餓。這種與現實矛盾的感覺，屢次出現在日常生活中，尤其是在每次心情發生巨大變化時。

厭食症和貪食症都屬於進食障礙，有些人可能同時存在厭食和貪食現象，不吃時卻飽著，狂吃時卻餓著。厭食症主要表現為對食物提不起興趣，沒有胃口吃東西，或者有時候覺得有食慾，但是沒吃幾口就覺得胃裡發脹吃不下去了。貪食症是明明已經飽了，卻還在一直狂吃，根本停不下來，似乎都不知道什麼時候才飽。

厭食症通常出現在想要減肥的年輕女性身上。她們為了追求瘦美而強迫自己少吃，最後出現了身體乏力、容易睏倦

的情況，也常常會伴有不想吃飯、沒有饑餓感的症狀。輕微的厭食症，有時候也與心情好壞有關。當壓力大時，人們往往會產生消極情緒，對什麼都漠不關心，甚至對最基本的吃飯都沒有興趣。「衣帶漸寬終不悔，為伊消得人憔悴」，當感情受挫時，也會出現不想吃飯的情況。

而暴食症則是因為心情不好、抑鬱或者無聊，找不到發洩的途徑，因此總會吃好多的東西，不吃到吃不下絕不甘休。甚至有人吃到身體已經感覺到不適，還是停不下來。為了避免負面情緒的爆發，他們試圖通過食物來發洩情緒，獲得心理上的滿足感。而且明明已經很飽，還要不停地吃的人，心理上有一定的強迫症傾向，他們的吃不再是為了吃，而是要完成一定的任務。

我們生活在一個壓力沉重的社會中，上班要努力工作養家糊口，下班還要做家務、經營人際關係。在重重壓力之下，人們會通過各種有意或無意的方式來發洩自己的情緒，比如「吃」這種很簡單的方式。當你在情緒低落時，大口吃冰淇淋、一勺又一勺地往嘴裡送蛋糕等甜點，在味蕾的刺激下，你會發現壓力就像變成了美食，一口又一口地被吃掉。

只有找到這些情緒問題的根源，你才會找到合適的發洩管道，改變這種折騰自己腸胃的發洩方式。因為往往你會發現，當你晚上大汗淋漓地解決掉麻辣火鍋時，第二天很有可能要飽受上火喉嚨疼、拉肚子的折磨。稍有不慎，在情緒不佳的時候，不吃飯或者暴飲暴食會給身體帶來無窮的後患。

 臉書為什麼會吸引一群跟風者

隨著網路的日益發達和對人們生活的滲透，移動用戶端成為人們交往交際、發表言論的重要方式。臉書是人們發表或者轉載資訊、觀點的地方。然而，臉書雖然能夠讓人們接受越來越多的資訊，卻也會帶來越來越多的暴民言論，網路跟風現象十分嚴重。

且不說臉書上人云亦云的謾罵和讚揚，就連這種「轉這條鯉魚，這個月一切平安順利」的臉書都有著成千上萬的網友跟著一起轉發。人們總是根據網站的評論、臉書的點讚，來決定自己的行為。評論、轉發和點讚越多，越受到人們的關注和跟風。

為什麼臉書上的跟風那麼多呢？

有個成語叫「三人成虎」。意思是有三個人謊稱街上有老虎亂竄，聽者就會相信了。這種人在社會群體中，容易不加分析地接受大多數人認同的觀點或行為的心理傾向，在心理學上被稱為「從眾效應」。人們總是習慣放棄自己的意見和行為，而採取與群體中大多數人相一致的意見和行為方式，也就是我們常說的「隨大流」。「隨大流」的人總是那些意志不堅定的「牆頭草」、自信心比較差的自卑者以及膽小顧慮多的謹慎者。

臉書等網路跟風表現的不僅是個人的辨別能力和自我思

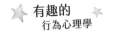
考能力的強弱，還從整體上反映出整個社會的網民風貌。在熱門臉書下面的評論，充斥著各種段子的複製粘貼，網民們總是為了得到格外的關注和點讚，而堅持不懈地跟風寫段子，製造評論新亮點。

實際上，網路上的跟風現象就是典型的不加思量，自以為是地認為占絕大多數的就是對的。以致在某些明星的臉書下面，要嘛就是一味地表示喜歡和祝福，要嘛就全部都是謾罵。每一次的娛樂熱點，都會吸引一群跟風者。

臉書的初衷是為了方便人們發佈消息，以及方便查閱最新最熱門的消息。當臉書成為人們肆意跟風攻擊、肉搜的地方，就已經失去它的本意。跟風沒有錯，但是應該停下盲目轉發的腳步，仔細想想自己是不是真的認同這個觀點，有沒有想過對與錯、真實與虛假。網路跟風並不可怕，可怕的是毫無思想的人心。

 網路時代的「宅生活」

一九八〇年左右，「禦宅族」（Otaku）這個詞語在日本出現。這個詞語剛開始是用來指那些偏執、癡狂地熱衷於動畫、漫畫和電子遊戲的動漫菁英，他們在進行遊戲體驗和創作的時候，往往拒絕與現實世界接觸。

隨著網路時代、電子資訊時代的到來和迅猛發展，國內

的年輕人尤其是青少年，開始喜歡待在家裡沉迷於網路、玩遊戲、聊天、看電子小說等等，這時候「禦宅族」成為那些足不出戶，依賴網路而生存的群體的代名詞。一色的「宅男宅女」，大門不出二門不邁，吃飯定外賣，購物找電商，「宅生活」成為一種流行時尚。比如經常看到有人在朋友圈發著自拍，並加上描述：「今天哪兒也不去，就宅在家裡了。」以前人們總是想往外走，多看看外邊的世界，然而現在有些「禦宅族」可以兩三天都不出門，甚至會有連續一個多月都不出門、「死宅」在家的情況。

　　過著「宅生活」的大多是八〇後、九〇後的青年。家裡的空間那麼小，無非就是幾間房子，一台電腦一個網路，為什麼那麼多年輕人那麼喜歡宅在家裡呢？在「禦宅族」的世界裡究竟裝著什麼東西，會讓他們如此著迷地安安靜靜地坐著、躺著、看著呢？

　　絕大部分的青少年「禦宅族」選擇通過臉書、LINE、部落格來輕鬆獲得資訊，而資訊流通的加快能夠讓青少年們隨時隨地掌握到資訊，但往往也會使青少年「消化不良」。在神奇的網路世界中，資訊總是即時更新的，你看的速度絕對趕不上資訊更新的速度。這個世界和社會每時每刻都在發生新聞，而網路世界幾乎都在同步更新，因此資訊世界就是當今「禦宅族」的一大消遣。

　　此外，網路世界為「禦宅族」提供了更便捷、更輕鬆、更自由的平臺和空間，他們可以在這個網路世界中構建起自

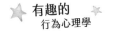
己的獨立小空間，暢所欲言。比如可以在臉書發表日誌，將自己的想法通過文字表現出來。「禦宅族」們大多比較內向，在現實世界中不愛與人交談交往，因此他們更喜歡在網路虛擬世界中聊天、交友。因為面對網路，他們能夠擺脫面對面的尷尬和無措，敢於表露出真實的自己和想法。同時在現實生活中遇到壓力和挫折時，他們會選擇在網上傾訴出來，緩解自己對現實生活的無奈和挫敗感。網路世界帶給他們的是一個情緒的收容所，一個心靈的釋放場所，也是一個讓他們自由自在的私人領域。

雖然「禦宅族」有著自己獨特的世界，但是這種逃避現實的現象其實是與社會脫節的。每當現實生活中壓力過大，或者不願意面對複雜的人際關係時，「禦宅族」就會選擇一個「避難所」來逃避現實中的壓力和挫折，從此過上自由自在的足不出戶的宅生活。

然而，這個暫時的「避難所」會使人性格更加內向，更容易缺乏與人溝通的能力。因此對於「禦宅族」來說，網路世界固然是極好的，但是外面的世界更精彩，多出來走走看看，你會發現真實的世界遠遠要比虛擬的網路世界可靠得多。

為什麼會出現網上網下雙重人格

　　什麼是雙重人格？心理學上對此的定義是：「一個個體在不同的場景中，分別具有彼此獨立、相對完整的人格，並且兩者在情感、態度、知覺和行為方面都表現得有所不同，有時甚至處於劇烈的對立面。」以前，雙重人格的現象並不多見；現在隨著網路的發展，網上網下的雙重人格逐漸顯露出來，引起人們的注意。

　　網路是使用電腦和互聯網構建起來的資訊交換系統，在這個虛擬的系統中，人們可以隨心所欲地將圖片、文字、聲音通過網路，傳遞到電腦上，讓更多的人一起分享喜怒哀樂。

　　也正是因為網路有著極強的高效性、隱蔽性和廣泛性，所以網路上的資訊是經過包裝或者偽裝的。網路最大的魅力就在於它的虛擬性。人們在網路上可以掩藏自己的真實身分，隱藏自己的姓名、年齡、性別、身分、地位、學歷、職業、外貌和家庭，在網路上你可以隨時出現也可以隨時消失。

　　人們也可以隱藏現實生活中的自己，通過刻意包裝自己去贏取網友的支持和信任，刻意誇大自己的優點、隱瞞自己的缺陷來獲得他人的欣賞和自我的心理滿足感。此外，網路還提供了能夠完完全全地根據自己的想法來表達自己的廣闊

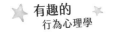
平臺。現實中溫文爾雅的人，在網路中有可能是個激進的小「憤青」；而現實世界中那個暴躁的人，有可能在網路上對他人噓寒問暖，關心備至；有的人沉默寡言，而在網路上卻異常活躍，具有十足的幽默感。所以在網路上人們有可能表現出與現實人格完全相反的、截然不同的另一種人格，這就是人們所說的「網路雙重人格」。

為什麼會出現網上網下雙重性格呢？一方面是因為網路中的道德約束力小，人們可以隨意地抒發自己的感情和觀點，不再受到現實生活中道德的束縛。每個人都有自己的陰暗面，在網路中表現出來的虛擬人格，其實就是人們平時隱藏起來的那部分真實人格，只是平時在社會的道德和文化的約束下，人們的這部分意識人格沒有出現罷了。在網路中，現實生活中的男神女神都表現出自己的真實人格，變成摳腳大漢和摳腳女漢子。

另一方面，自由和現實的衝突，讓人們在網路中尋找到了一個發洩的出口。日新月異的現代社會對每一個人提出了越來越多也越高的要求，而競爭的壓力也越來越大。在現實世界中，人們往往因為某些因素比如要面子、自尊心太強等，無法找到適合的人來傾訴；而在網路世界中，可以通過聊天或者發帖的方式，隨意找到願意傾聽的陌生人，得到他們的支持和鼓勵，支撐自己走出心理的困境和迷茫。

在這個個性張揚的時代，人人都有自我實現的最高需求。而在殘酷的現實生活中，自我實現的需要往往得不到適

當的滿足。於是人們自我實現的目光轉向自由開放的網路空間。在這片天地中，人們可以自由地進行自我設計、自我體驗、自我關注、自我評價、自我發展，充分張揚被壓抑的個性。

網路是把雙刃劍，只有駕馭好這把劍，才能真正享受網路帶來的好處和樂趣。

CHAPTER

10

難以抗拒的
恐懼症

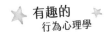

恐懼，只是人類的一種本能反應

　　幾乎人人都有「密集恐懼症」，但實際上這並不是一種心理疾病，而是人類的一種本能反應。不少的人都有過這樣的經歷：看著排列得密密麻麻的事物，比如蓮蓬、發酵麵團中形成的密集空洞或者螞蟻、瓢蟲等小爬蟲，會產生心理排斥感，嚴重的甚至會出現頭皮發麻、頭暈、嘔吐的現象。

　　「密集恐懼症」首先在網上頻頻被網友提起，那是因為網上流傳著各種各樣的合成圖片，為了測試網友對「密集」的忍耐性和恐懼程度，圖片刻意放大了那種密密麻麻的感覺。而且這種密集恐懼症似乎還有傳染性，人們在網路上看到其他人在評論中驚呼「太恐怖了」，於是忍不住點擊了圖片，一看之下，即使原來自己覺得不恐懼的東西也變得恐懼起來。比如蓮蓬，生活在水澤之鄉的人對蓮蓬並不陌生，甚至知道蓮蓬裡面有美味可口的蓮子，可是當蓮蓬作為密集恐懼對象之一出現時，似乎也讓人反感起來。

　　心理學上並沒有「密集恐懼症」這一心理疾病。對於為什麼會出現「密集恐懼症」，這大概可以追溯到人類起源或者童年時期的遭遇。

　　從進化心理學角度來看，人類心理出現恐懼是因為覺得危險。當物體開始腐爛時，會逐漸被大量的細菌分解，而這種腐爛總是會以一種密集的狀態呈現出來。所以在人們的潛

意識裡，密集就代表著死亡和消失。從人類形成以來，人們就會自覺地認為，人的肉體一旦出現密集的異樣，比如受傷發炎時的白色密集物，可能就有腐爛的危險，而如果肉體腐爛，會導致死亡，使人消失不見。所以人們對密集物建立了一種自然的排斥，認為麻子般的小點是不正常的危險信號，於是激起了強烈的反感，從而想去躲避那些帶洞的東西。

例如我們出現皮膚感染、受傷時，或被蜜蜂蜇了、蚊子咬了時，腫起的皮膚上往往可以看到那一個個清晰的毛孔或者一排排的小包，會讓人覺得難受甚至不舒服、噁心反胃。

有些人的密集恐懼可以追溯到孩提時代。比如小時候進入向日葵田，發現向日葵的花盤上長滿了蠕動的蟲子，密密麻麻的，從此留下了心理陰影，一看到向日葵上整齊排列的葵花子就會心裡發麻，覺得很恐怖。

「密集恐懼症」在心理醫學上沒有相關的研究。這種恐懼症，一般是由對密集物的焦慮、緊張的情緒所致。從心理治療法上看，「森田療法」可以適當緩解對於密集恐懼物的害怕。其實，這些密集恐懼物並沒有對人們造成很大的危害，也沒有什麼危險性，順其自然地看待它們，把它們當作一種平常的事物來看待，接受它們的存在。這樣就可以打破人們對於密集恐懼物的精神交互作用，克服掉「密集恐懼症」的心理障礙。

 # 每逢考試就生病的怪現象

　　「每逢大考必生病」，考試對於有些孩子而言，不僅僅是精神上的考驗，還帶來了身體上的不可控制的痛苦。有些孩子一到考試之前就發燒、感冒、頭痛或者拉肚子，會莫名其妙地生病，有時候還會嚴重到參加不了考試。等到考試一結束就會不治自癒。但是成績卻受到了影響，一直在滑落。為什麼有些人會陷入每逢考試就生病的怪現象呢？

　　當然，有可能吃壞了肚子使腸胃不好。但是如果平時身體不錯，每次考試前都會生病，那麼從心理上看，可能是因為「考試恐懼症」。從心理學上講，如果人們對某些事情太過於緊張、害怕，比如對考試懷有一種莫名的恐懼，就會引發身體上的一系列反應。心理素質和心理應對能力不足，就造成了這種身體不佳的本能反應。

　　這種由恐懼症引發的生病，很有可能與從小的家庭環境有關。望子成龍、望女成鳳，許多家長對自己的子女期望很高，總是會提出很多很高的要求。很多孩子為了讓自己的父母滿意，老是想著要考好試，爭取拿到第一名，要不然回到家就會被父母罵。因此孩子在考試之前往往求勝心切，因過度緊張、壓力過大、過度焦慮而生病。這是一種身體的自我防護，當他們面對考試表現得不夠自信時，身體就會無意識地開啟自我防禦模式，而導致生病。根據心理調查發現，自

尊心強、爭強好勝的人，往往很容易在每次大考前生病。

另外，有的孩子知道以自己的水準和能力，實在無法達到父母的要求，所以選擇故意裝病，從而降低父母對自己的責怪或懲罰的風險。長此以往，他們選擇不對自己的父母說真話，成年之後有了自己的主見和選擇權，更加不願意與自己的父母交流。因為他們真的很畏懼父母，尤其是嚴厲的父親，他們總是把考試放在首位，特別看重考試成績，用成績來衡量子女的能力和水準。他們經常掛在嘴邊的一句話是：「你怎麼那麼笨，這麼簡單的題目都不會，都考不到第一名。」

對於因為恐懼考試而生病的人來說，心理輔導不失為一種好的方法。對於焦慮失眠較為嚴重的人來說，放鬆心情、釋放壓力，能夠有效地緩解考試前緊張的心情。在每次考試之前，其實不必熬夜看書，盡自己最大的能力考試就行，否則就會適得其反。睡覺前，美美地洗個澡，高高興興地聊聊天，通過交流互動的方式，可以紓緩自己的壓力。此外，不管在平時還是考試期間，都應該注重勞逸結合，適當的運動可以有效地消除學習疲勞。

「身體是一個人最大的本錢」，無論是個人還是父母，都應該以身體健康為重，考試並不是證明能力的唯一方式，在心理上藐視它，才能夠解開心結和枷鎖，解放身心。

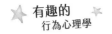
 # 血液和針頭引起的恐慌

「我不能看見血，我暈血。」「一般去醫院看病，我都不敢看針，並不是因為怕，而是一看就暈了。」看到這裡，你或許會想，這是不是看電視看小說看多了，暈血暈針？裝的吧？

事實上確實存在這樣的病症，暈血或暈針都屬於血管迷失性暈厥的表現。這是一種最常見的暈厥，主要發生在年輕的女性身上。她們往往看不得血和針，因為一般來說一見到血就會引起血管迷失神經反射，這種反射會導致一種情景性的暈厥；而暈針則是因為人們對針導致的疼痛感知過於強烈，引起過於激烈的緊張、恐懼，從而導致血管迷失性暈厥。

當然，暈血和暈針主要還是由於心理情緒上的刺激而引起的身體心理反應。過度的緊張和痛苦意識使迷失神經過於興奮，導致腦供血過度，衝擊身體，使意識喪失。因此有些人一進入注射室就頭暈，心跳加速，感覺要暈倒了，甚至有時候護士剛擦酒精就暈倒了，以至於以後再不敢去打針輸血了。

暈血和暈針都屬於比較典型的特殊恐懼症。血液和針頭引起的恐慌發作，往往能夠引發頭暈、血壓降低的症狀。至於為什麼會對血液和針頭那麼恐懼，一方面與自身經歷有

關。比如曾經嚴重受傷，失血過多，甚至眼睜睜地看著自己的血液往外流淌而無法控制；或者以前目睹過鮮血淋漓的殘忍畫面，在心裡形成了條件反射，導致後來一看到流血的畫面，哪怕是一點點血液，也會條件反射，產生那種無能為力的恐懼，只能用暈厥來逃避那種痛苦的感受。

從進化心理學角度來看，見血暈厥也不無道理。在原始社會早期，人類還沒有學會種植和馴養動物，大多需要外出打獵來獲得食物。在與動物的搏鬥中，人們少不了負傷流血。在遇到兇猛的動物時，有時裝死對於身負重傷的人類來說也是一個很好的選擇。因為有些動物只是因為受到了挑釁，所以才會與人類搏鬥。這種用暈倒裝死來獲得生存的心理基因還存留在一部分人的血液裡，逐漸發展成為一種本能。

 ## 密閉空間內的驚慌

這世上，有一些人一進入封閉的空間如電梯、機艙、汽車、捷運，就會變得十分焦慮、緊張。他們往往會控制不住地走來走去，坐立不安，總是想要迫切地離開座位，想出去呼吸新鮮空氣、透透氣。有時候不僅覺得心裡不舒服，而且還會有呼吸困難、頭暈噁心的症狀，嚴重的話還會暈厥致死。

　　讓他們自己待在一個獨立的空間，對他們來說是一種痛苦的折磨。對於有些密閉恐懼症患者來說，就連乘坐那種封閉式的空調公車都是不能接受的。因此他們往往會選擇在公車站一直等下去，一定要等到那種可以開窗的老式公車才會上車。

　　這樣的人都患有一種叫作「幽閉恐懼症」的心理疾病。對於他們來說，如果待在封閉的空間當中，他們就會不自覺地產生恐慌，他們總是因為覺得無法逃離這樣的場所而感到十分恐懼。密閉空間恐懼症的產生機制，表現出來的就是因為情景的變化，人們的軀體功能表現出不合理或過分的害怕。在正常人看來，這些封閉的場所並沒有什麼危險，甚至有些人會覺得舒服安全，根本不會焦慮緊張。而對於幽閉恐懼症患者來說，待在封閉空間裡是一件煎熬難耐的事情。一旦進入幽閉的區域，尤其是獨自一人時，他們總是會不自覺地恐慌。在他們的潛意識裡，似乎下一秒出口就會封閉，甚至無法再走出去，所以他們總是有一種無法逃離的心理錯覺和恐懼感。

　　心理學家認為，人類幾乎所有的心理問題都與童年的經歷有關。那些不愉快的經歷儲存在患者的記憶裡，潛移默化地影響著今後的成長和發展。一旦遇到類似的事物，就會回憶起童年時經歷的痛苦和恐懼。這時候人們記得清楚的不是事情，反而是當時的情緒。幽閉恐懼症患者有可能在童年時期經常被上班的父母反鎖在家，自己在空蕩蕩的房間裡獨自

等待，只有父母回家才能消除心理上的恐懼，因此他們不願意面對封閉式的空間。

那種被反鎖在家的童年經歷會讓人感覺非常糟糕，即使成年以後那種心理陰影也會一直存在，使人想要去逃避它、擺脫它，不想再去經歷那種感覺。但是在現實生活中，封閉式的空間無處不在，當逃無可逃的時候，對於封閉空間的恐懼和抵抗心理就會表露出來。

密閉空間恐懼症並不可怕，這是可以解決的。最簡單的方法就是去面對它，比如害怕坐捷運，那就繼續乘坐它，並體會那種恐懼襲來的滋味，把它慢慢消化掉。這樣的方式，即使開始時會感覺非常糟糕，但是隨著你慢慢地去適應環境，恐懼也會慢慢地減少以至完全消失。

密閉空間在生活中處處存在，為了正常的生活，密閉空間恐懼症患者應該堅持不懈地給自己心理暗示，轉移注意力，減少恐懼的想法，逐步克服心裡的恐懼。

多腿或無腿，有什麼可怕的

一提到蛇、蜘蛛、蜈蚣，很多人雞皮疙瘩馬上就起來了。迅速滑動扭曲的軀體，人們看見蛇就有一股寒意，即使是沒有親眼見過蛇的人，也會自然而然地對這種可怕的生物不可抗拒地產生討厭、憎惡，甚至毛骨悚然的情緒。因此蛇

一般都作為恐懼的化身，敢於接觸蛇已經成為勇敢的代名詞。有些動物園為了吸引遊客，甚至在蛇園設立與蛇親密接觸的遊戲，而那些敢於餵蛇、玩蛇的人可以免門票。即使有這樣的誘惑，大部分的人還是抵抗不住內心的恐懼，不敢去嘗試。

可以說，怕蛇是人們最普遍的恐懼症之一，除此之外，還有蜘蛛、蜈蚣等多腿動物，也會讓人們心生恐懼。有些人甚至僅僅是看到圖片都會轉移視線，因為「實在太恐怖」了。那些紅的、綠的、黃的蛇，那些攀爬在牆壁上的蜘蛛、壁虎，那些數不清有多少只腳的蜈蚣，都讓人忍不住想要逃跑。

害怕多腿或無腿的爬行動物，這似乎是人類與生俱來的本能。美國維吉尼亞大學心理學研究者做了一項試驗，他們在受試者周圍擺滿了青蛙、鮮花、樹木、毛毛蟲、蛇的圖片，讓他們找到最引起他們注意的圖片。結果發現，受試者總是最先認出蛇的圖片，並且感到十分厭惡和恐懼。

美國維吉尼亞大學心理學博士後瓦內薩・羅布認為，那些最快意識到蛇的存在的人類，更容易發現蛇帶來的危險，因此他們總是能夠最快地提防蛇對人類的傷害，所以他們更容易比其他人類倖存下來，並繁衍後代。因此這種能夠快速地發現蛇的存在的人類遺傳基因，更容易在人類的進化中傳承下來。

在幾千年前的原始社會，人類的祖先還住在山洞和密林

中與大自然抗爭。那時的自然界中充滿著蛇、蜘蛛等各種無腿動物和多腿動物。它們帶有毒性，行動十分隱秘，迅猛而且沒有聲音，往往會讓人類措手不及而屢屢受到傷害，甚至因此受到死亡的威脅。為了獲得生存優勢和繁衍後代，人類往往會趨利避害。

「物競天擇，適者生存」，只有那些能夠迅速發現具有危害性的多腿動物和無腿動物的人才能得以繁衍生息。因而這種對蜘蛛和蛇等爬行動物的恐懼基因也沿襲了下來，成為人們天生的習性。

而到了現代社會，即使這些東西已經不再能夠對人類產生威脅，但是基因自帶的、與生俱來的恐懼感還沒有消失。就像人們對有苦味的東西都厭惡和害怕一樣，因為發苦的東西往往不是變質壞掉了就是帶有毒性，會使人生病甚至死亡。

看來，多腿動物和無腿動物的可怕，不僅僅在於它們確實具有攻擊力，而且更多的在於人類直覺性的害怕。這種對於危險的恐懼是不可避免的。

蜘蛛真的有那麼可怕嗎

據說，世界上超過一半的人患有不同程度的蜘蛛恐懼症。有人看到房門上有一隻蜘蛛在結網而不敢出門，有人看

到蜘蛛會有窒息的感覺，甚至有人看到或者聽到「蜘蛛」兩個字就會心裡發毛，連汗毛都會立起來。

世界上大多數蜘蛛其實沒有毒更不會咬人，但是為什麼人們還是對蜘蛛心存恐懼呢？從心理學上來分析，一方面是因為人類的祖先在叢林中常常因蜘蛛的叮咬而死亡，因此將這種對蜘蛛的恐懼通過基因遺傳了下來；另一方面是因為蜘蛛的樣貌很醜陋，而且人們對蜘蛛存在很大的誤解。很多影視作品中通常把蜘蛛刻畫成可怕的怪物，比如《西遊記》裡面的蜘蛛精。這樣在耳濡目染之下，人們對蜘蛛越來越害怕。

有些蜘蛛確實是有毒性的，被它們咬了會有致命的危險。比如蜘蛛中最醜陋的巴西漫遊蜘蛛，全身都長滿細毛，十毫升的毒腺分泌的毒液就可以殺死二百多隻老鼠。但是事實上，世界上的大部分蜘蛛是沒有毒性的，而且蜘蛛吃蟑螂、蚊子、蒼蠅之類的害蟲，從這個角度上看它們還算是一種益蟲。只要我們不主動去招惹它們，它們基本上不會主動攻擊比自己大的物體。

所以說人們對蜘蛛心生恐懼，通常是因為對蜘蛛不夠瞭解，雖然它們的外表難看、恐怖，但並不會對我們造成太大的影響。害怕蜘蛛的人，往往把蜘蛛想像的很恐怖，想要躲避蜘蛛。而正是這種越害怕越是躲避的畏懼心理，加劇了內心的恐懼感，因此形成一種惡性循環。

對於患有「蜘蛛恐懼症」的人來說，暴露療法無疑是一

種有效減輕恐懼的好方法。如果一個人害怕什麼，就讓他多去接觸、多去體驗，慢慢地熟悉這種東西和那種恐怖的情緒。這樣，他們最終有可能消除恐懼。對於「蜘蛛恐懼症」者來說，正確地認識蜘蛛的本性，看清楚它們醜陋外表之下的「無害人之心」，就能逐漸消除內心的恐懼感。比如可以讓「蜘蛛恐懼症」者仔細觀察蜘蛛，通過不斷地與蜘蛛接觸，應該可以逐漸減輕對蜘蛛的恐懼心理。

恐高症並非不可克服

現代人中有九成多的人出現過恐高心理，其中有一成的人患有恐高症，他們每時每刻都在逃避高空、高處。他們害怕坐電梯，總是擔心電梯會出事故，害怕自己會從高高的樓層摔下；而商場那種透明的電梯對於他們來說簡直就是噩夢。他們甚至不敢站在陽臺上，也不敢去爬山，更不用說坐纜車，就連摩天輪那種看起來很浪漫的遊樂設施都與他們無緣。

對於現代人來說，偶爾的恐高是正常的。隨著社會的發展和進步，城市中的人口越來越多，城市的建築物也越來越多。然而城市的面積是無法無限擴大的，這樣就只有把樓建得越來越高，而且為了彌補由於間距變小帶來的光線缺失，大多數建築物都用上了晝夜都能強烈反光的玻璃幕牆。這些

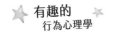

都使現代人越來越容易產生高層眩暈。

　　而對於有恐高症的人來說，怕高更多的是由於與生俱來的自我防禦機制。因為恐高的人一般都比較敏感，比如站在高樓上，他們會覺得這座大樓不夠堅固，隨時都有崩塌的可能，因此他們選擇躲避高處。對於患有恐高症的人來說，站得越高，他們眩暈、心慌、害怕的症狀就會越強烈。嚴重的恐高症患者甚至不願意到高樓層的公司上班。

　　從心理學上說，這往往是因為恐高症患者沒有得到正確的視覺資訊，比如認為透明的玻璃太過於脆弱，會破裂，從而引起心理的擔心和恐懼。他們總是過高地估計自己所處的高度與垂直方向的距離，比如站在一個十公尺的樓頂上，他們往往覺得這遠遠不止十公尺，從而引起心裡的恐懼感。他們站在高處的時候，會覺得心裡不踏實，覺得高處會讓人有一種無法依靠的不安全感。

　　當然，恐高症也並非不可克服。從心理學上講，通過系統脫敏可以擺脫恐高症患者對於高度的恐懼。通過由低級到高級，逐級慢慢體會，感受恐怖感對自己的刺激，並使自己去接受這種刺激，就能逐漸增強恐高症患者對恐怖刺激的耐受性，直至他們對恐怖反應完全消失為止。在平時的生活中，可以通過多爬山、上樓梯，有意識地讓恐高症患者俯視腳下。隨著他們能夠接受的程度的不斷增強來遞增自己能夠承受的高度，從而慢慢適應高處。而對於兒童來說，可以讓他們多走獨木橋、翻跟頭、跳躍、轉圈，鍛鍊他們的平衡能

力，這些對於克服恐高症很有效果。

打死也不坐飛機

這世界上有很多人渴望坐飛機，他們喜歡那種在天上俯視大好河山的感覺；然而，也有這麼一部分人患有「恐飛症」，他們無論如何都不肯坐飛機。

大陸影帝葛優自曝有恐飛症。他從不坐飛機，誰勸都沒有用。在娛樂圈，明星的時間就是大把大把的鈔票，為了搶時間，大多數明星選擇坐飛機出行，甚至在飛機上吃飯和睡覺，一下飛機馬上進行工作。然而葛大爺卻與眾不同，他打死也不坐飛機，無論去哪兒，都會選擇汽車或者火車。

葛優不坐飛機在大陸娛樂圈內已經是盡人皆知的事情，聽說葛優去參加坎城電影節時，轉了二十多趟火車，歷經幾天幾夜才到達目的地。在拍攝馮小剛的電影《非誠勿擾》時，因為馮小剛說不通他坐飛機，兩個月的拍攝時間，單單等待葛優坐火車轉場的時間就有半個多月。

爺們的葛優，竟然害怕坐飛機，這種恐飛症的症狀被他表現得淋漓盡致。同樣，在娛樂圈裡，不喜歡坐飛機的還有張國榮。去榆林拍《東邪西毒》時，張國榮因為害怕坐飛機硬是讓人開車送他過去。這一路開了十多個小時才到。而香港著名女星關之琳一坐飛機就會出冷汗，因此她坐飛機時從

來不向窗外望而選擇睡覺。

　　一般恐飛症的人都患有恐高症，他們畏懼高處，對於他們來說在二千公尺高的地方待幾個小時，簡直就是生不如死。在高空中的飛機上往下看時，有時能看到磅　的大山和寬闊的河流，但是更多的時候只能面對虛無縹緲的雲霧。如此沒有實體的支撐，人們的視覺資訊會大大減少，這時身體的平衡力和定向能力很大程度上會隨著飛機而運動。在心理意識上，人們只能依靠飛行中的飛機，會感覺自己無法控制自己的命運。安全感在坐上飛機飛上天空的瞬間頓時缺失了，因此他們會害怕坐飛機。

　　心理學家認為患有恐飛症的人，就像患有空曠恐懼一樣。對曠野恐怖的人，認為在空曠的地方自己無處可以躲藏，很容易被敵人發現，會使自己面臨生存威脅。對於患有恐飛症的人來說，他們覺得在天上飛很不安全，如果發生了事故，他們將會無處可逃，必死無疑。由此也可以看出，他們是一群十分惜命的人，甚至如此小心翼翼地躲掉所有潛在的危險。通常飛機墜毀事故都是無一生還，那種恐怖的慘狀，給他們留下無法磨滅的印象。

　　事實上，根據歷年的資料顯示，飛機失事的比例在各類交通事故中是最低的。在空難中喪生的機率是九萬分之一而在公路事故中喪生的概率是六千二百分之一，約為飛機事故的六十三倍。飛機失事的機率遠小於其他交通工具。

 # 雷電其實並不可怕

轟隆隆的雷鳴由遠而近，彷彿在耳邊炸開；天際的閃電瞬間來到眼前，似乎想要把人劈成兩半。對於雷鳴和閃電，我們很多人都很害怕。一碰到這種惡劣的天氣，人們就要關閉電腦、電視等一切的電器，甚至聯手機都不敢用。閃電使房間裡光亮刺眼，雷鳴陣陣地迴響在耳邊，於是害怕的情緒在蔓延，有人尖叫，有人哭泣。

小時候經常聽說雷雨天有人在外面被雷電活活劈死。新聞中也報導過有人在下雨天洗澡，正好被雷電擊中，不幸身亡。在歷史的傳說中，雷電是具有思想的神物，能夠懲處壞人。人做了壞事，就會受到電劈雷轟。因此我們常常聽到有人用雷電來發誓，例如「我對天發誓，如若負你，天打雷劈」。

當雷鳴和閃電出現時，帶著異常強烈的閃光和高分貝的響聲，給人們的視覺、聽覺造成劇烈的影響。人們往往在這種高強度的聲光刺激下，產生神經反射，會對雷電不寒而慄。雷電確實很危險，根據研究表明，閃電瞬間釋放的電壓甚至能夠達到十億伏特。而據統計，全球死於閃電的人數每年有二千多人。

從進化心理學的角度看，人類祖先把雷電當作一種不可控制的超自然現象，因此產生了一種極大的恐懼感和敬畏

感。這種害怕雷電的特性以基因的形式遺傳下來，以至於今天雖然避雷工序和手段已經逐漸完善，但大多數人還是很害怕雷電會造成致命的傷害。在人類的進化過程中，正是由於恐懼心理，人類才能夠謹慎地規避掉盡可能多的風險而活到今天。恐懼是生物的本能，因此恐懼雷電也不例外。

大多數人對雷電很害怕是因為對雷電防禦知識不瞭解，總是覺得雷電來了就很危險，就要停止一切的活動，直到雷電消失為止。事實上，雷電直接劈中人的機率是很小的。如果我們學會了如何正確避雨，如何正確規避雷電，增強自己在雷雨天的防護，是完全可以避免雷電的傷害的。

實際上，我們不能沒有雷電。人們很少知道，雷電交加時，空氣中的部分氧氣會激變成臭氧，而且閃電中的高溫可以殺死空氣中九成以上的細菌和微生物。這就是為什麼雷雨天之後，空氣通常都會變得更加純淨、清新宜人。

所以雷電其實並不可怕，可怕的只是我們不知道如何去避免這種自然現象帶來的危險。

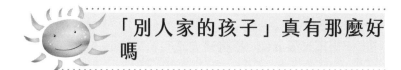

「別人家的孩子」真有那麼好嗎

「從小我就有個宿敵叫『別人家的孩子』。

這個孩子嘴甜人人誇。

這個孩子不玩遊戲，不玩網路，天天就知道學習，回回

考年級第一。

　　這個孩子考清華，上台大，能考碩士、博士。

　　這個孩子不看星座，不看漫畫，一直在學習。

　　這個孩子琴棋書畫樣樣精通，參加比賽就獲獎。

　　這個孩子工作好、待遇高、福利多、不辛苦。

　　這個孩子早就成家立業，孝敬父母……」

　　一個「別人家的孩子」的帖子引起廣大網友的認同和轉發。在成長的路上，我們一直在和「別人家的孩子」戰鬥，他是我們的敵人，也是我們密不可分的小夥伴。在父母的口中，「別人家的孩子」總是那麼完美，他總是會在爸爸媽媽批評你的時候適時地出現，將自己陷入更加「不好好學習」「不夠優秀」的境地。「你看看你，就你自己在玩，人家都在好好看書寫作業，怪不得人家總能考第一。」「哎，人家又得了獎學金，你就知道花我的錢補課！」「別人都早早起床讀書了，你竟然還在睡覺！」……諸如此類的話，從小到大，父母百說不厭，不絕於耳。

　　家長總是希望通過對比，讓自己的孩子看到自身存在的很多問題，比如貪玩、成績不好、不努力……希望通過這種方式為孩子樹立一個榜樣，讓他們改正自己的缺點，變得更好。然而，這往往會適得其反。很多孩子因為看到「對手」太優秀了，而自覺自己很差，遠遠跟不上，於是反而不想學不想努力，最後自甘墮落。

　　心理學上有一個專有名詞可以解釋這一種現象——習得

性無助，指的是通過學習形成一種對現實的絕望和無可奈何。由於家庭背景、成長經歷以及孩子的個人情智的不同，每個孩子的認知能力、生活經驗、學習方式等都不相同。每個孩子之間是沒有可比性的，也沒有優劣之分。家長在表揚「別人家的孩子」的時候，有可能會給自己的孩子帶來更為強烈的不自信和自卑感。因為在對自我的正確認識還沒有形成的孩童時期，孩子的自我意識最初是通過成年人的評價間接獲得的。如果連自己最親近的人都覺得自己時時事事不如別的小孩子，那麼他們會以為自己真的是很差勁。

長此以往，這些無助的情緒累積起來，孩子就會產生「破罐子破摔」的消極無助心理。在遇到暫時的困難時，他們可能會缺乏獨立、堅強的意志力，習慣性地依賴他人。

最好的教育應該是尊重孩子的差異和個性。每個孩子無論是開朗還是內向，無論是動手能力強還是語言能力強，都可以按照自己喜歡的和擅長的方式來學習和成長。對於家長和老師而言，要善於發現孩子的獨特能力，比如畫畫很有靈性、對音樂節奏特別敏感，給予適當的肯定和表揚。要讓孩子能夠感受到來自外界的愛和欣賞，這樣孩子才會受到鼓舞，進而在不斷得到肯定的興奮中，形成自我努力的意識。

聰明的家長表揚孩子時，從不將其與另一個孩子做比較，但是會和孩子的過去比。比如孩子犯錯時，讓孩子看到自己真的在退步，讓孩子正確面對自己所犯下的錯誤，並為自己的錯誤導致的後果認真思考，從而形成對自己的正確認

識。

 # 為什麼會害怕結婚呢

在電影《逃跑新娘》中，年輕的瑪琪獨立堅強。雖然她一直都很希望有一個屬於自己的幸福美滿的家庭，也曾經三次和準新郎踏上紅毯，但卻又都因為內心的恐懼而害怕走進婚姻的殿堂，於是她總是在逃婚。

戀愛、結婚、生孩子原本是人生三大喜事，尤其是浪漫的結婚。可是很多人隨著婚期的臨近，卻患上了一種「結婚恐懼症」。當真的要締結兩個人的關係的時候，許多準新人會有一種莫名的恐懼，擔心自己不能適應婚姻生活，害怕自己不能夠建立好一個新的家庭，所以會產生一種迴避心理，甚至會逃婚。

你有結婚恐懼症嗎？

「結婚恐懼症」實際上是一種心理疾病，大多會發生在女性身上。從心理學上說，產生逃婚想法的新人，他們父母的婚姻大多數是不幸福的。他們從小就對不穩定的婚姻生活產生恐懼，因為他們的父母總是在吵架、互相打罵，甚至父母本身就是離異的。所以他們長大後對婚姻和家庭一直有一種抵觸的情緒，他們害怕自己的婚後生活也會像父母一樣不和諧、不穩定，嚴重的話有可能會選擇一輩子都不結婚。

　　有的父母在自己的婚姻中出現了問題，會把悲觀、偏激的情緒傳染給孩子。比如有些母親因為自己的丈夫出軌而離婚，她有可能會向女兒傾訴她的父親如何的絕情，並灌輸「全世界的男人都是偷腥的貓，沒有一個是好的」的絕對批判心理，這樣女兒長大後，有可能會對男人產生抵觸、敵對的心理，不敢與男人接觸，更不用說結婚了。

　　不過也有一些新人，即使父母婚姻美滿、家庭幸福，也會出現結婚恐懼症。這有可能是因為社會的不良輿論以及自己的壓力造成的。許多年輕人擔心結了婚要承擔更多的責任，尤其是來自家庭的責任，柴米油鹽醬醋茶，所有的瑣事紛至遝來。而許多都市青年長期被父母照顧得過多，獨立生活能力較差，他們不懂得如何獨自生活，不懂得照顧他人，因此他們害怕自己不能組織好、經營好家庭。

　　尤其對於女人來說，婚後的瑣碎家務事如洗衣、做飯、打掃衛生，每天都要做，簡直都要讓人崩潰。此外，對於女人來講，結婚還意味著要面臨複雜緊張的婆媳關係。電視劇裡上演了太多的「惡」婆婆，如何處理好婆媳關係也是一個令人頭疼的問題。

　　而且有時候人們會害怕結婚是因為他們在質疑為什麼要結婚。談戀愛的感覺挺好，很輕鬆，何必要用一紙結婚證書把兩個人綁在一起呢？戀愛的激情逐漸消退，最後只剩下親情，這是他們最害怕的地方。因此他們始終對婚姻保持一種觀望的態度。「婚姻是戀愛的墳墓」，對於他們來講，婚姻

能否在漫長的時光中維持幸福和甜蜜，是一個值得懷疑的問題。所以他們遲遲不願意踏上婚姻的紅地毯。

老闆恐懼症，病起來真要命

人類似乎無所不能，但又如驚弓之鳥，不是恐懼蛇、蜘蛛，就是害怕電閃雷鳴，甚至對於身邊的人還會心存恐懼，比如自己的上司或者老闆。

對於患有「老闆恐懼症」的人來說，老闆的電話甚至會讓人心驚肉跳。每次看到老闆的來電，總是渾身一驚，要深呼吸之後才敢接通。甚至在公司裡，一聽到老闆的聲音或者像老闆的聲音，都會神經緊張。

與渴望得到表現和重視的有心人不同，有的人卻生怕被老闆發現或者引起老闆的注意，因此他們總是把自己淹沒在員工群體之中。比如不敢走過老闆的辦公室；開會的時候，也儘量選擇離老闆最遠的位置，始終低著頭，從不敢抬頭直視老闆，也不敢發表自己的觀點和見解。即使老闆主動與之交流，也始終不能改變他們對老闆的恐懼。在工作中，持有一種對老闆能不見就不要見的恐懼心理，就是所謂的「老闆恐懼症」。這種恐懼的心理表現在學校裡，就是對老師的畏懼。有些學生對老師所說的話言聽計從，從不敢違背和反抗，即使老師是錯的。而在家庭中，這樣的人對父母或者親

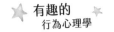

人也是如此，心存恐懼，不敢對著父母撒嬌。

通常來說，患有「老闆恐懼症」的人，十分害怕受到他人的嚴厲批評和教訓。如果老闆責罵了他一下，他以後再見到老闆就覺得渾身不自在，開始想要躲避老闆。一遇到實在躲不過的時候就會撒謊稱病，不來上班，即使來上班也整天顧慮老闆，因此注意力無法集中，導致出現了「上班恐懼症」，甚至不想去上班。

從心理學上來說，老闆恐懼症是一種情緒障礙。這與小時候的人生經歷有關，比如自卑、敏感、隱忍，習慣自我壓抑，常常委屈自己成全別人。這樣的人表現得都很乖巧，在小的時候怕家長，讀書期間怕老師，工作了就比較容易變成怕領導、怕上級。

要克服這種恐懼症，唯有正確面對自己和他人的關係。每個人都是平等的，都有各自的權利和義務。「老闆恐懼症」患者缺乏的是正確的人際關係意識，總認為老闆是自己的領導者，只有老闆能夠炒員工，而從來沒想過員工也可以把老闆炒了。這種單向的隱忍和付出，只會讓自己陷入更加自卑的境地，不可自拔。而且，「老闆恐懼症」患者應該正確看待每一次來自家長、老師和老闆的批評和否定，這些對於我們個人的成長有益無害。

迴避老闆、迴避交往、迴避任務，人的社會功能就會受到損害。如不恰當地調整，就會產生跳槽甚至辭職等退縮行為。由此可見，恐懼上級雖不是病，真病起來也要命。

國家圖書館出版品預行編目（CIP）資料

為什麼星期三是讓人又愛又恨的日子：有趣的行為心理學／
白笑禹編著. -- 初版. -- 新北市：菁品文化， 2019. 02
　　面；　公分.--（大眾心理叢書；38）
　　ISBN 978-986-97306-0-0（平裝）
1.行為心理學

176.8　　　　　　　　　　　　　　　　　　107023649

大眾心理叢書038

為什麼星期三是讓人又愛又恨的日子：有趣的行為心理學

編　　著　白笑禹
發 行 人　李木連
執 行 企 畫　林建成
設 計 編 排　菩薩蠻電腦科技有限公司
印　　刷　博客斯彩藝有限公司
出 版 者　菁品文化事業有限公司
　　　　　地址／23556 新北市中和區中板路 7 之 5 號 5 樓
　　　　　電話／02-22235029　傳真／02-22234544
　　　　　E - m a i l：jingpinbook@yahoo.com.tw
郵 政 劃 撥　19957041　戶名：菁品文化事業有限公司
總 經 銷　創智文化有限公司
　　　　　地址／23674 新北市土城區忠承路 89 號 6 樓（永寧科技園區）
　　　　　電話／02-22683489　傳真／02-22696560
網　　址　博訊書網：http://www.booknews.com.tw
版　　次　2019 年 2 月初版
定　　價　新台幣 300元　　（缺頁或破損的書，請寄回更換）

I S B N　978-986-97306-0-0
本書 CVS 通路由美璟文化有限公司提供　02-27239968

菁品出版・出版精品

菁品出版・出版精品

菁品出版・出版精品

菁品出版・出版精品